AF455399

ÉTUDES

SUR

LES RELIGIONS DE L'ANTIQUITÉ

PAR

Un Ami de la Nouvelle Eglise

Paris
A la Librairie, 5, rue Thénard.
Londres
Swedenborg Society, 36, Bloomsbury Street, V. C.
New-York
New Church Book Room, 20, Cooper Union.
1880

ÉTUDES

SUR LES RELIGIONS DE L'ANTIQUITÉ

SAINT-AMAND (Cher). — IMPRIMERIE DE DESTENAY
Rue Lafayette, 70.

ÉTUDES

SUR

LES RELIGIONS DE L'ANTIQUITÉ

PAR

Un Ami de la Nouvelle Eglise

Paris
A la Librairie, 5, rue Thénard.
Londres
Swedenborg Society, 36, Bloomsbury Street, V. C.
New-York
New Church Book Room, 20, Cooper Union.
1880

PRÉFACE

Les recherches et les découvertes des savants modernes sur la mythologie ont transformé cette science. Dans les études qui suivent nous avons cherché à résumer et à vulgariser les principaux résultats des travaux des érudits de notre temps sur les religions de l'antiquité.

Ce livre tiré à un petit nombre d'exemplaires est surtout destiné à ceux qui connaissent et apprécient les doctrines religieuses exposées dans les écrits de Swedenborg. Pour l'interprétation des mythes des religions primitives, nous avons trouvé un fil conducteur dans la science des symboles telle qu'elle est exposée par le savant Suédois. Dans ses écrits cette science s'appelle la science des correspondances entre le monde spirituel et le monde naturel.

Interprétés à l'aide de cette science, ramenés à leur simplicité et à leur pureté primitives, les dogmes et les rites principaux des religions antiques concordent avec le véritable christianisme.

La tâche que nous avons entreprise était bien au-dessus de nos forces ; nous espérons néanmoins que ces études faites d'après les mêmes principes que celles d'Edouard Richer et du baron Portal, ne seront pas sans quelque utilité, surtout parmi les membres et les amis de la nouvelle Église chrétienne.

Puisse cet écrit, malgré son insuffisance, contribuer à détourner quelques esprits des tendances naturalistes, qui dominent aujourd'hui la plupart des personnes qui s'occupent de recherches sur les religions de l'antiquité.

L'étude de la symbolique des anciens donne aussi plus de vivacité au plaisir que procure la vue des chefs-d'œuvres de l'art antique et de l'art de la Renaissance.

ÉTUDES

SUR LES RELIGIONS DE L'ANTIQUITÉ

LIVRE Ier

CHAPITRE PREMIER

Principes généraux pour l'étude des Mythologies

§ Ier. — *Les ressemblances entre les religions antiques prouvent qu'elles dérivent toutes de la même origine primitive.*

Aucun auteur n'a jeté une lumière plus vive sur l'histoire des peuples primitifs que M. Pictet, de Genève, dans son célèbre ouvrage : *Des origines Indo Européennes*. D'après cet illustre érudit, les religions antiques seraient les débris d'un système de vérités révélées au commencement des âges. « S'il est bien certain, dit-il, vol. II, page 650, que la religion des anciens Aryas, arrivée à sa dernière évolution, consistait en un Polythéisme poétique ou en un culte de la nature divinisée, il l'est beaucoup moins, qu'elle ait eu dès le début le même caractère......... Le Polythéisme a dû être précédé par une religion plus simple......... L'étude comparée des noms de Dieu confirme l'hypothèse d'un monothéisme qui aurait précédé le Polythéisme chez les Aryas. Ces noms et surtout le mot Dieu, ne désignent point des êtres naturels, et cependant ils appartiennent aux formations les plus anciennes de la langue. »

Voir aussi vol. II, page 908, 1re édition : « Si dès le principe, les Aryas avaient adoré la nature, il en serait resté quelques traces dans le langage......... il doit y avoir eu un temps où le Polythéisme n'existait pas encore, et où cependant la langue était formée......... L'homme sans l'idée de Dieu, n'est qu'un sauvage abruti qui ne s'élève pas par ses propres forces au développement puissant que les Aryas primitifs avaient atteint. »

M. Pictet reconnaît, néanmoins, que les impressions profondes causées par les phénomènes naturels, les splendeurs du ciel, les fureurs des tempêtes, portèrent les hommes à personnifier les forces naturelles ; mais au milieu du Polythéisme, on conserva des restes de la doctrine primitive, surtout dans les mystères (1).

Les travaux des savants modernes les plus autorisés confirment donc l'opinion des pères de l'Église primitive chrétienne.

Saint Augustin, *contra Faustum*, dit : « La vraie religion est plus ancienne que les fausses ; elle a le droit de revendiquer les rites que ses rivales ont profanés. »

(1) M. Pictet explique que le plus ancien des noms de Dieu est le sanscrit *Deva*, qu'on a fait dériver de *Div*, briller ; mais Deva, adjectif, signifie céleste, et comme substantif, l'être céleste ou Dieu.

Le mot Zend *Daeva*, est identique avec le sanscrit *Deva*. De là sont dérivés en grec θεος, en latin *Deus*, *divum*, en kimri *Dew*, en français *Dieu*.

Par suite de la corruption de la religion primitive, le mot Deva a changé de sens et a signifié, en persan, démon ou esprit, et en lithuanien, idole.

Les hommes, par suite du développement en eux du mal et de l'erreur, corrompirent la Révélation qui avait servi de fondement à cette religion primitive; de là provinrent l'idolâtrie, la magie, les rites absurdes ou sanguinaires. L'humanité ne put pas cependant faire disparaître toutes les traces de la vérité primitive, que nous retrouverons éparses chez tous les peuples.

Partout où la religion est restée ou est redevenue plus pure, elle s'est rapprochée des rites primitifs de l'humanité. De là provient la ressemblance entre le culte mosaïque et le culte des nations voisines qui avait conservé des restes de la religion primitive.

« Les rites prescrits par Moïse aux descendants de Jacob, dit *Swedenborg*, *Arcanes*, 6846, n'étaient pas nouveaux, ils avaient été précédemment dans les anciennes Églises ; ils furent restaurés seulement chez les fils d'Israël, parce que les autres nations étaient devenues idolâtres, et ces rites, dans l'Égypte et dans Babel, avaient été changés en pratiques magiques. »

Voir aussi les *Arcanes*, § 4329, 4680.

L'on a souvent signalé l'analogie entre le nom de Jéhovah et celui de Jupiter-Jovis, qui était le Dieu suprême reconnu par le monde Greco-Romain. L'on a aussi remarqué que les noms de la divinité chez les peuples d'Asie, El ou Bel, le grand Dieu des Phéniciens, Allah chez les Arabes d'avant Mahomet, Hélios chez les Grecs, rappellent un autre nom que Dieu se donne dans l'Ancien Testament, Elohim Adonaï se rapproche d'Adonis, le Dieu de la Syrie.

Les restes authentiques des religions primitives de l'Orient qui nous ont été transmis par Sanchoniaton, Berose, Manethon, concordent avec les récits de la

Genèse, sur la création, sur le déluge, sur les patriarches, etc.

Les images, les symboles dont se servent Ezéchiel et les autres prophètes, se retrouvent en partie sur les monuments assyriens.

On s'est fait de ces ressemblances une arme contre la religion de Moïse, et on a prétendu qu'il n'avait fait que copier, en les modifiant, les rites des nations voisines. Les analogies entre les rites de ces nations et ceux des Israëlites prouvent seulement que ces rites dérivés chez les gentils, d'une religion plus ancienne, concordent avec le mosaïsme.

Plusieurs de ces rites dont nous parlons, sont encore en usage chez quelques peuples d'Orient. Ce fait, quand il sera bien compris et expliqué, sera un jour un moyen de rapprochement entre ces nations et la religion fondée sur la Bible.

§ II. — *Les très-anciens peuples ont adoré un Dieu unique, auquel ils ont donné différents noms pour désigner ses différents attributs, qualités, aspects ou manifestations.*

Swedenborg, dans *Arcanes*, 3667, dit : « Dans les temps anciens on désignait le Dieu suprême ou le Seigneur par différents noms, selon ses attributs, et selon les biens et les vrais qui procèdent de lui . . . . Ceux de l'ancienne Église n'ont compris par toutes ces dominations qu'un seul Dieu, savoir, le Seigneur, qu'ils ont appelé Jéhovah, mais après que cette Église se fut écartée des biens et des vrais, alors on commença à adorer autant de dieux qu'il y avait de dénominations du Dieu unique. »

Arcanes 4163. — Les anciens donnaient des noms particuliers aux attributs divins, mais ceux d'entre eux qui étaient sages ne comprenaient sous tous ces noms qu'un seul Seigneur, tandis que les simples se forgeaient autant d'images représentatives de Dieu, par suite ils s'en forgeaient autant de Dieux; de là tant d'idolâtries.

Arcanes 5625. — Les anciens donnaient différents noms au Dieu unique, selon les différentes choses qui venaient de lui, toutefois, sous ces divers noms, ils adoraient un seul Dieu, mais quand l'ancienne Église déclina, ils adorèrent autant de Dieux qu'ils avaient de noms du Dieu unique, et en outre ils en ont ajouté plusieurs, de sorte que chaque famille (gens) avait son Dieu distinct de ceux qui étaient adorés par les autres maisons.

Arcanes, 6003. « En hébreu, Dieu est nommé en premier lieu au singulier El, et, en second lieu, au pluriel Elohim, et cela parce qu'en premier lieu il est signifié que Dieu est un qu'il est unique, et qu'en second lieu il est signifié qu'il y a en lui plusieurs attributs. »

Le système qui consiste à voir dans les divinités du monde antique des personnifications des attributs divins, a eu en notre temps d'illustres partisans, parmi lesquels il faut mettre au premier rang Creuzer.

Cet auteur, dans son *Histoire des Religions de l'antiquité*, vol. I, page 405, dit : « Dans toutes les religions orientales domine le système de l'émanation, qui consiste non-seulement à distinguer dans la pensée, mais à séparer réellement les divers attributs du Dieu unique, de telle sorte que chaque attribut devienne une personne à part; et qu'un seul Dieu fasse une multitude de Dieux. »

Max Muller, *Science du langage*, I, 13, dit également : « La plupart des divinités grecques, romaines, indiennes, ne sont que des noms poétiques auxquels on a laissé prendre graduellement une personnalité divine.» Et page 189 : « Quand il s'agissait de nommer Dieu, l'insuffisance d'un seul nom devait conduire les hommes à créer de nouveaux noms, exprimant chacun un attribut nouveau de la nature divine..... mais les noms ont une tendance à devenir des choses, les *nomina* se changèrent en *numina* et les noms en idoles. »

Creuzer développe son système en montrant que toutes ces divinités, personnifications des attributs divins, rentraient les unes dans les autres, et ne formaient qu'un seul et même Dieu, considéré sous des aspects divers.

Pour Creuzer, Muller et autres mythologues, le Dieu des anciens était le soleil, qui était désigné sous divers noms. Les mythologues spiritualistes, au contraire, soutiennent que tous les Dieux de l'antiquité ont été dans leur origine des personnifications des divers attributs du Dieu unique, existant en dehors du temps et de l'espace, mais se révélant aux hommes sous des aspects différents.

Les anciens ont presque en tout pays considéré le soleil comme le meilleur symbole du Dieu invisible et comme sa manifestation la plus éclatante dans l'ordre de la nature. La chaleur de cet astre représentait pour eux l'amour infini de l'être suprême, la lumière solaire sa sagesse ou sa vérité, et l'action féconde des rayons du soleil correspondait, dans leur conception, à la puissance divine qui crée et conserve toutes choses dans la sphère spirituelle, comme le soleil dans la sphère naturelle.

Les hommes devenus idolâtres adorèrent le soleil au

lieu du Dieu unique, mais il n'en était point de même chez les hommes primitifs et chez les initiés de certains sanctuaires.

§ III. — *De l'anthropomorphisme dans les religions de l'antiquité. — Des triades divines.*

Un penchant invincible a porté les hommes en tout pays à se représenter Dieu sous la forme humaine. « La chose principale dans le culte de l'ancienne Église, dit Swedenborg, *Arcanes*, 9193, était d'adorer Dieu sous une forme humaine. »

Dieu est l'homme par excellence, et c'est pour cela qu'il est dit dans la Genèse que Dieu créa l'homme à son image et ressemblance. Lorsqu'on a voulu exposer les divers attributs divins, ou se représenter les diverses opérations divines, on a eu recours à des représentations ou images ayant le plus souvent la forme humaine. L'expérience des siècles montre que les simples et les ignorants ont besoin de ces images pour élever leur pensée et leur cœur vers la divinité ; malheureusement les hommes ont trop souvent adoré l'image au lieu de l'Être divin qu'elle représentait, et de là est venue l'idolâtrie.

Swedenborg dit dans *l'Apocalypse expliquée*, 1118 : « Comme l'idée de Dieu, comme homme, est innée en chacun, voilà pourquoi plusieurs peuples... ont divisé la Divinité en tant de personnes, ce fut parce que d'après l'idée innée, ils voyaient Dieu comme homme, et voyaient par cela même comme des personnes tous les attributs de Dieu, toutes ses propriétés et qualités, et par suite aussi les vertus, les affections, les sciences chez l'homme. »

On ne peut adorer un Dieu invisible dont on ne peut parvenir à se faire aucune idée précise. De là, chez la plupart des peuples, on a cherché à représenter Dieu sous diverses images s'approchant plus ou moins de la forme humaine.

L'art grec sut donner aux images et représentations de la Divinité une perfection telle, que le Dieu semblait apparaître en personne dans le temple qui lui était consacré. Les perfections divines étaient, pour ainsi dire, révélées, exprimées, dans la statue du Jupiter et de la Minerve de Phidias, et ces images sublimes ou gracieuses suscitaient dans l'âme de l'adorateur, la vénération, la crainte et l'amour pour la bonté, la sagesse ou la puissance divines.

Swedenborg a exposé des vues judicieuses sur l'influence des images dans le culte, dans plusieurs de ses ouvrages, voir *Arcanes*. Lorsque les simples regardent une pierre qui n'a qu'une ressemblance éloignée avec l'homme, cela suffit pour qu'ils pensent au Dieu invisible sur lequel autrement ils ne pourraient fixer leur pensée.

Chez les Chrétiens, les idées de la pensée peuvent être dirigées vers le Dieu invisible, quand elles le sont sur le Seigneur qui est Dieu rendu invisible; l'homme est ainsi conjoint à Dieu par la pensée et l'affection.

Il importe de remarquer que les religions qui ont personnifié les attributs divins sous des formes humaines, ont donné à ces personnifications tantôt le sexe mâle, tantôt le sexe femelle. Dans tous ces cultes on voit en présence deux principes : un principe actif ou mâle, un principe passif ou femelle. Tous les dieux et toutes les déesses se réduisent à un seul Dieu et à une seule déesse, si on approfondit ce système de personnifications.

Cette grande déesse qui recevait des noms différents, selon les pays, peut être considérée comme la personnification de la sagesse divine. Le caractère de mère était donné à presque toutes les déesses, à Junon, à Cybèle, à Vénus, etc.

Le Dieu mâle, le père, représente l'amour divin qui féconde la sagesse divine.

Dans presque tous les temples, surtout en Egypte, au Dieu mâle et à la déesse mère était joint une troisième divinité, sous l'aspect d'un enfant. Exemple : Osiris, Isis, Horus.

La triade divine se retrouve à Rome dans Jupiter, Junon, Minerve, chez les scandinaves, dans Odin, Freya, Thor.

Dans ces triades, l'amour divin est personnifié par le père; la sagesse divine, par la mère, et l'opération divine dans l'homme par le Dieu enfant, mâle ou femelle.

Ne peut-on pas aussi, dans ces triades que l'on retrouve dans les temples Chrétiens, considérer le Dieu comme représentant le Seigneur lui-même, la vierge comme représentant l'Église qui nourrit l'enfant de Dieu par la vérité, dont elle a le dépôt, et l'enfant comme le symbole de l'homme qui a été créé à nouveau ou régénéré par le bien et le vrai divins.

§ IV. — *Des symboles et des mythes dans l'antiquité. De leur origine.*

Le mot *symbole* vient du verbe grec *sumballein*,

rassembler, réunir, parce que le symbole réunit un sens externe ou naturel et un sens interne ou spirituel.

Le mot *mythe* vient du verbe grec, *muo*, qui signifie cacher, parce que dans le mythe, sous un récit fictif, il y a un sens caché, une vérité théologique ou morale.

La symbolique ou la mythologique se confond donc avec ce que Swedenborg appelle la science des correspondances.

« Les anciens, dit Swedenborg, *Arcanes*, 7729, l'emportaient en intelligence sur les hommes d'aujourd'hui, en ce qu'ils connaissaient à quelles choses dans le ciel correspondent certains objets sur la terre. C'est parce qu'ils étaient dans cette science qu'ils ont décrit l'origine de la sagesse et de l'intelligence par un cheval ailé, Pegase, qui, en frappant la terre de son pied, avait fait jaillir une fontaine près de laquelle habitaient neuf vierges, les muses, qui signifiaient les connaissances de tout genre. Par le cheval ailé, ils désignaient l'entendement du vrai. »

Amour conjugal, 182. « Par boire de l'eau de la fontaine de Castalie, les anciens entendaient être instruit du vrai et du bien au moyen des vrais, et avoir ainsi la sagesse. »

Swedenborg explique comment les hommes primitifs connurent la science des correspondances des choses naturelles avec les choses du monde moral ou spirituel.

Arcanes 2179, 1122. — Comme les hommes de la Très-Ancienne Église communiquaient avec les esprits et les anges, ils avaient continuellement des visions et des songes, tels qu'en eurent les prophètes ; et quand ils voyaient ainsi des objets semblables à ceux qui sont dans la nature, la signification de ces objets leur était insinuée. De ces hommes très-anciens, sont venus les Représentatifs ou symboles qui furent révérés par l'antiquité.

Edouard Richer a développé très-bien dans ses écrits cette explication de l'origine des mythes qui n'ont pas été imaginés arbitrairement par la réflexion et la comparaison des objets naturels avec les idées. C'est par intuition instantanée que les très-anciens perçurent le rapport ou la correspondance entre l'agneau et la douceur, entre l'aigle et l'intelligence supérieure, entre le cheval et l'entendement scientifique.

Quand l'extatique pensait à Dieu, un soleil spirituel apparaissait devant les yeux de son esprit. La chaleur, la lumière, représentaient pour lui les attributs divins, l'amour et la sagesse. Dans le langage vulgaire qui conserve des traces des plus anciennes traditions, ne dit-on pas que l'amour nous échauffe, que la vérité nous éclaire.

D'après Swedenborg, les anciens s'étaient fait des images qui correspondaient aux choses célestes, et trouvaient du plaisir à voir ces images, parce qu'elles signifiaient des choses appartenant au Ciel et à l'Eglise ; ils les plaçaient dans leurs temples, leurs maisons, non pour en faire des objets d'adoration, mais pour rappeler à leur souvenir l'idée céleste qu'elles représentaient ; ainsi, en Egypte, on fit des images de bœufs, de veaux, d'enfants.

Ces images représentaient des vérités et des vertus, mais quand la science des correspondances eut été éteinte, ces images furent adorées comme des déités ; de là l'idolâtrie.

Par cette science des correspondances ou des symboles qui était cultivée surtout en Egypte, les anciens savaient ce que signifiaient le soleil et la lune, les montagnes, les rochers, les arbres; or, comme leur culte était représentatif, ils le célébraient sur les montagnes ou les collines, et aussi dans les bocages et les jardins, ils consacraient des fontaines et tournaient leurs faces vers le soleil levant, quand ils adoraient.

Les hommes ne créèrent plus de représentatifs ou d'images symboliques, lorsqu'ils eurent perdu la faculté de communiquer avec le monde des esprits, parce qu'ils étaient devenus mondains et corporels, mais ils transmirent ces images à leurs descendants, qui par le laps de temps oublièrent ce qu'elles signifiaient.

Les hommes devenus idolâtres adorèrent les images externes sans penser aux choses internes ou spirituelles qu'elles représentaient.

« Swedenborg explique l'origine de l'idolâtrie, *Amour conjugal*, 342. Les anciens plaçaient dans leurs temples des images ou symboles, pour rappeler à leurs souvenirs les choses saintes du culte signifiées par les représentatifs, mais avec le temps, quand la science des correspondances se perdit, leur postérité commença à adorer les images taillées comme saintes en elles mêmes, ne sachant pas que leurs ancêtres n'avaient rien vu de saint en elles. »

Arcanes, 2763. « Les représentatifs et symboles qui sont dans la Parole viennent des représentatifs qui sont dans l'autre vie, d'où ils sont parvenus aux hommes de la très-ancienne Église, qui, lorsqu'ils vivaient sur la terre, étaient en même temps avec les esprits et les anges.

Ces représentatifs passèrent à des hommes qui ignoraient qu'ils avaient une signification, mais qui les vénérèrent comme saints, parce qu'ils dataient des temps les plus reculés. »

Toutefois il resta toujours parmi les gentils des hommes qui surent faire un usage légitime de la science des représentatifs, comme on le voit par les mages qui vinrent adorer le Seigneur à Bethleem.

Swedenborg explique aussi dans ses écrits l'origine des mythes transmis de vive voix ou par l'Écriture.

« La sagesse des anciens, dit-il dans *Arcanes*, 3432, consistait en représentatifs ou symboles des choses concernant Dieu et l'Église. » et dans *Arcanes*, 1756 : « Les anciens avaient une manière d'écrire qui, par des personnages et des fictions, donnait à entendre toute autre chose que ce qui était écrit dans le sens de la lettre ; ils allaient jusqu'à représenter les affections comme des Dieux et des déesses, etc.

Par exemple, Minerve dans sa dispute avec Neptune à Athènes, représentait l'affection des vérités spirituelles luttant contre l'affection des vérités naturelles.

Arcanes, 9942. — « La Parole hébraïque, la Genèse surtout, est écrite de cette manière, toutes les choses contenues dans les premiers chapitres de la Genèse sont des historiques factices dans l'interne desquels il y a des enseignements sur la création de l'Église céleste ou sur la régénération morale de l'homme. »

De cette manière, les anciens, dans des récits fictifs, qui ne semblaient parler que des choses de la terre, enveloppaient des choses appartenant à la vie morale ou spirituelle. L'Écriture primitive fut uniquement composée de symboles. Lepsius pense qu'elle fut d'abord complétement idéographique ; voulaient-ils désigner la puissance, ils ne la comparaient pas au taureau mais ils disaient : le taureau.

Par le laps de temps, le sens intérieur de ces récits fictifs en mythes s'étant perdu, ils furent changés en fables, et le génie poétique des grecs, dit Richer, fit dégénérer en jeux d'imagination les pensées profondes de la haute antiquité.

Solon s'entretenant avec des prêtres égyptiens sur la fable de Deucalion et de Pyrha, disait qu'il avait calculé le nombre d'années écoulées depuis Deucalion. Un vieux prêtre s'écria: vous autres, grecs, vous êtes toujours des enfants ; il voulait dire que c'était penser en enfant que de prendre au pied de la lettre ces récits mythiques.

Bàcon, dans la préface de son traité sur la *Sagesse des Anciens*, dit : Je suis très-disposé à croire que les fables des anciens poètes renfermaient un sens mystérieux allégorique, surtout parce que ces fables pour la plupart n'étaient pas de l'invention des poètes qui les ont rendu célèbres comme Homère et Hésiode.

La poésie parabolique sert à envelopper les choses (de la religion et de la philosophie) dont la dignité exige qu'elles soient couvertes d'une espèce de voile. »

Les écrits qui renferment ces fables, dit-il, sont les plus anciens après l'Écriture sainte et même ils l'ont précédée, et il ajoute : nous croyons donc devoir placer parmi les desiderata de la science la connaissance de la philosophie cachée sous ces fables antiques.

Swedenborg a donné pleine satisfaction à ce désir de Bácon en nous donnant une exposition complète de la science des correspondances, dont les anciens se servaient pour édifier ces récits symboliques.

On distingue *les mythes théologiques*, qui ont pour objet les croyances religieuses sur Dieu sur le monde spirituel, *les mythes moraux*, dont la morale fait le fond et les *mythes physiques astronomiques* renfermant les traditions, les connaissances des anciens sur les phénomènes naturels.

Ces trois genres de mythes correspondent les uns aux autres. Ainsi il serait prouvé que tel ou tel mythe représente et décrit des phénomènes du monde naturel, la marche du soleil, par exemple, pendant le cours de l'année, cela n'empêcherait pas ces mêmes mythes d'envelopper des vérités spirituelles sur Dieu, sur la vie morale de l'homme ; carles attributs divins et les facultés humaines ont leurs images et leurs correspondances dans les objets du monde matériel. Les mythes d'Osiris et d'Isis, de Baal, d'Adonis peuvent représenter le cours du soleil, ses diverses phases pendant l'année, mais ces mêmes mythes peuvent en même temps se référer au soleil spirituel, à la sagesse et à l'amour infinis de Dieu qui sont la chaleur et la lumière spirituelles.

Tous les mythes vraiment primitifs enveloppent, expriment des faits, des vérités de l'ordre spirituel ou moral dont les hommes, surtout les simples, n'auraient pu avoir autrement une claire perception. Le mythe, le symbole rendent sensibles les vérités spirituelles par la représentation d'objets et de phénomènes qui, dans la nature, correspondent à ces vérités.

§ V. — *Contre ceux qui ne veulent voir dans les mythes antiques que les forces de la nature personnifiées.*

Les Érudits de nos jours prétendent presque tous que l'adoration des forces naturelles fut la première religion des hommes qui ne s'élevèrent à une religion plus élevée, plus spiritualiste, qu'après être sortis de l'ignorance des temps primitifs.

Cette thèse a été soutenue avec un grand éclat par le

français Dupuis, par l'allemand Creuzer et son commentateur Guignaut.

« L'essence des Théogonies et Cosmogonies antiques, dit Creuzer, réside dans la personnification des forces productives de la nature. » Les mystères sacrés de l'Egypte et de la religion orphiques ne cachaient, selon lui, que le culte de la nature.

« Les fables, dit M. Bréal, ne sont pas l'expression de vérités métaphysiques ou morales, elles ne contiennent nul mystère, nul symbole... la race indo-européenne fit des forces de la nature, le soleil, la tempête, ses premières divinités. »

Les matérialistes de notre temps se complaisent à attribuer leur propre opinion aux peuples primitifs, et à affirmer que ces peuples n'ont rien reconnu au-dessus de la nature, et ne sont arrivés que très-tard à la notion d'un Dieu esprit, distinct de la nature. Nos érudits, comme Varron et les Philosophes contemporains du Christ, professent une profonde horreur pour ce qu'ils appellent le surnaturel ; aujourd'hui, c'est dans les publications sur les mythologies antiques, que s'étalent avec le plus de franchise les doctrines qui nient l'existence de Dieu et du monde spirituel.

Dans tous les mythes qu'il explique, Creuzer ne voit rien qui ait trait à Dieu, à l'âme, à nos devoirs. « Les prêtres savants, dit-il, ont voilé sous des allégories morales et poétiques, les mystères de la science de l'astronomie, dont ils se réservaient le secret. » D'après ce système, toutes les représentations, les écritures qui se rapportent à Osiris, à Isis, à Jupiter, à Minerve, etc., ne décrivent que des phénomènes naturels, le lever et le coucher du soleil, le commencement et la fin de l'année.

Ce système est commode et demande peu de frais d'imagination : qu'il s'agisse d'Ormuzd, d'Horus, d'Hercule, il s'agit toujours du soleil et de la lune, des équinoxes, de l'humide ou du sec, c'est-à-dire de connaissances banales que les hommes les plus ignorants ont possédées en tout temps et tout pays ; il y a quelque chose d'agaçant dans cette éternelle redite de la même explication pour les mythes les plus divers.

Nous ne pouvons croire que les anciens qui étaient nos égaux, sinon nos supérieurs, sous tant de rapports, aient observé pendant des milliers de siècles avec tant de ferveur, un culte qui n'avait pour but que de célébrer le lever du soleil et de la lune ; comment admettre qu'un peuple aussi avisé et railleur que le peuple grec, ait pu s'occuper sérieusement de tant de cérémonies mystérieuses, pour révéler aux initiés, des mystères d'almanach. Ces races si énergiques, ces sages qui ont accompli de si grandes choses, qui nous ont laissé de si grands exemples, n'ont pu déraisonner sur ce seul point : la religion.

Comment croire que ces hommes qui, selon les savants modernes, ont tant usé du mythe, pour conserver ce qu'ils savaient sur les phénomènes naturels, ne se soient jamais servi de cette manière d'écrire pour exprimer leurs pensées sur Dieu, sur la vie après la mort, sur les vertus et les vices.

Max Muller dit que la plupart des mythes antiques sont absurdes. Cela est vrai si on ne voit dans ces récits que la divinisation des forces de la nature, si on prend au pied de la lettre l'histoire de Deucalion et de Pyrha, si on considère le récit de la mort d'Hercule comme la description d'un coucher de soleil, si on voit dans la triste fin d'Achille, de Cephale, de Siegfried des allégories pour représenter la fin de la belle saison, si l'on croit enfin que la croyance au surnaturel fut inconnue dans ces religions antiques qui ont fait et qui font encore dans le monde une si grande figure.

Les apologistes du Christianisme croient souvent servir sa cause en ravalant toutes les religions anciennes. Pour cela ils abondent dans le sens des Naturistes qui ne voient dans ces religions que l'adoration des forces naturelles. C'est commettre une grande imprudence ; car ils confirment ainsi l'opinion de ceux qui affirment qu'on peut s'élever à une grande élévation morale sans croire au surnaturel. Non, nous ne croirons jamais que l'antiquité eût produit Socrate, Epaminondas, Marc Aurèle, si la religion des grecs et des romains n'avait été au fond, qu'un matérialisme plus ou moins caché.

Si la religion des anciens ne fut que le Naturisme, quel triomphe, quel argument pour ceux qui prétendent qu'on peut, sans religion spiritualiste, s'élever à une grande élévation morale.

Si l'on admet l'opinion de Varron, de Lucrèce, de Macrobe sur la religion de leur pays, la déconsidération qui atteindra les religions de la Grèce, de Rome, de l'Asie, rejaillira sur le Judaïsme, sur le Christianisme, qui ont tant de rites, de symboles, communs avec ces religions antiques.

Il vaut donc mieux admettre l'opinion qu'ont eue des mythes des anciens, l'historien Milman en notre temps et Saint Clément d'Alexandrie qui dans *Stromates*, liv. V, dit : « Tous ceux qui ont traité des choses divines, tant grecs que barbares, ont transmis la vérité sous des énigmes, signes ou symboles, » et Saint Clément parlait de vérités morales, non de connaissances sur les phénomènes naturels.

On aura toujours une opinion fausse sur les religions antiques, si on les juge par les monuments écrits qui appartiennent à une époque où ces religions étaient arrivées à leur décrépitude, il faut tâcher de remonter aux temps primitifs, aux vérités qui, alors, ont présidé à l'établissement de ces cultes.

« Platon et Aristote, dit Creuzer, vol. IX. 834, reconnaissent que le polythéisme grec avait été précédé d'un culte plus simple, plus pur. Cicéron, Sénèque et autres admettent une époque primordiale, où les hommes récemment sortis des mains de la divinité, plus rapprochés d'elles, voyaient la vérité pour ainsi dire face à face.

Les platoniciens du IIIe et IVe siècles, essayèrent d'épurer le paganisme en divulguant les doctrines enseignées dans les sanctuaires, mais on ne ravive pas un cadavre, et ces philosophes n'avaient pas les moyens de remonter à la sagesse des temps primitifs. De nos jours, il est possible peut-être d'accomplir la tache qu'ils ont vainement tentée, au moyen des ressources que fournit l'érudition moderne, et surtout par la connaissance de la science des correspondances exposée par Swedenborg

« Les formes symboliques, dit M. Bréal, ne sont que des signes conventionnels d'idées abstraites. » M. Bréal se trompe, il n'y a rien d'arbitraire dans le symbolisme ou la science des correspondances ; ce qui le prouve, c'est que les mêmes symboles ont eu la même signification chez les peuples les plus éloignés les uns des autres. Et c'est à l'aide de la science des correspondances, qui est une vraie science, qu'on retrouvera avec le temps le sens secret des mythes primitifs, qui ont été composés par les très-anciens qui avaient connu cette science, parce qu'ils communiquaient avec le monde spirituel [1].

[1] Les érudits modernes croient que l'humanité a commencé par

un fétichisme grossier, par l'adoration des forces de la nature et ne s'est élevée que lentement à une religion plus épurée.

Bacon n'était pas de cet avis. « Malgré, dit-il, cette douce complaisance que nous avons pour nous-mêmes, dans les premiers siècles les esprits avaient plus de pénétration qu'en notre temps. Quelle force il a fallu pour produire les langues dans les temps primitifs. »

La religion qui consiste dans la croyance à un monde spirituel ou surnaturel et à l'existence d'un être infini qui est en dehors du monde naturel, a été en tout pays le produit direct ou indirect d'une révélation primitive.

Lorsque l'homme, de bête (fera) devint homme par la réception de *l'âme des vies*, ou en recevant de Dieu le libre arbitre et la raison, il put recevoir la vérité religieuse parce qu'il ne s'était pas encore confirmé dans le mal par l'abus de sa liberté et de sa raison. Cette vérité primitive s'est obscurcie chez les hommes, à mesure qu'ils se sont endurcis dans le mal.

Par des révélations successives plus ou moins conformes à la révélation primitive la religion a été restaurée et par suite l'humanité a été relevée. « La terre, dit *Herder dans sa philosophie de l'histoire*, doit les germes de toute haute culture à une tradition religieuse, écrite ou orale. »

LIVRE II

DES RELIGIONS DE L'ASIE

—

CHAPITRE PREMIER

Religion de la Chaldée, de l'Assyrie, des Chananéens, des Phéniciens, des Arabes.

Les érudits s'accordent pour considérer l'Asie comme le berceau des religions antiques, et comme le point de départ des émigrations qui ont peuplé l'Europe, l'Égypte, les Indes.

Sur la religion et l'histoire primitives de l'humanité en Asie, le document le plus authentique est l'Écriture-Sainte des hébreux ; toutes les découvertes modernes confirment la véracité des récits bibliques en ce qui concerne les temps historiques, et la Genèse, considérée comme un récit symbolique des commencements de l'humanité, concorde également avec les monuments assyriens, indiens ; ainsi les dix patriarches antie-diluviens de la Bible se retrouvent dans les dix rois de Berose, dans les dix monarques des légendes iraniennes, dans les dix Pitrys des Vedas, dans les dix empereurs demi-dieux de la Chine, dans les dix rois mythiques des Arabes, dans les dix ancêtres d'Odin.

Ces dix patriarches ou rois primitifs, d'après Swedenborg, désignent des périodes historiques, des sociétés successives. M. F. Lenormand, *Histoire de l'Orient*, l. XXXII, reconnaît que le langage allégorique, dans certains récits de la Bible, tient plus de place que ne le pensent beaucoup d'interprètes ; il remarque que les noms d'Adam et d'Ève sont significatifs. D'après cet érudit, qui a une si grande autorité, il n'y a pas de chronologie biblique. Le récit du déluge dans la Bible, identique à celui que l'on retrouve sur les cylindres assyriens, est évidemment symbolique ; il en est de même de l'histoire de la tour de Babel qui est aussi dans Berose.

Nous parlerons d'abord de la religion des Assyriens et des Chananéens, parce que ces peuples étaient voisins de la Judée. Nous ne donnerons que des indications succinctes sur ces peuples, en observant que les monuments qu'ils nous ont laissés appartiennent presque tous à une époque où leur religion était déjà corrompue et déchue de son état primitif.

Les récits relatifs au premier empire assyrien, dont la capitale était Ninive, sont mythiques. Ninus et Semiramis n'ont jamais existé. Le second empire dans la Chaldée eut pour capitale Babylone.

Berose dit que les Assyriens et les Babyloniens avaient des livres sacrés au nombre de huit, attribués au Dieu Oannès. Le récit du déluge retrouvé sur les cylindres assyriens, récit presque identique à celui de la Genèse, était probablement un fragment de ces livres sacrés. Espérons que l'on retrouvera d'autres fragments de ces livres.

Il n'est pas douteux que ces peuples n'aient eu, dans le principe, la notion de l'unité divine. Leurs dieux secondaires, d'après M. Lenormand, n'étaient que des personnifications des attributs et manifestations du Dieu unique. Cette religion primitive dégénéra en polythéisme grossier.

Nous empruntons en partie les détails qui suivent à l'excellent ouvrage de M. François Lenormand, *Manuel de l'histoire ancienne de l'Orient*, 3 vol. in-12, Paris, Lévy, rue de Seine, 29.

Dans le principe, le Dieu suprême, duquel dérivaient les autres Dieux, était *Ilou*, auquel, en Assyrie, on donnait le nom national d'Assour. C'est lui qui est représenté par une image analogue à celle qui représente Ormuzd en Perse : un buste humain, coiffé de la tiare royale et sortant d'un cercle ; ce buste est porté sur les ailes et la queue d'un aigle.

Au-dessous d'Ilou venait une triade, composée de ses trois premières manifestations : 1° *Bel*, le père des Dieux, avec une figure humaine, coiffée des cornes de taureau, symbole de la puissance ; 2° *Ia*, *Ao*, ou le seigneur des connaissances ; 3° un Dieu, seigneur du monde inférieur, moitié homme, moitié poisson, appelé par les grecs Oannès.

A chacun des Dieux de cette triade, correspondait une divinité féminine, Anna, Anaïtis, était un dédoublement d'Ouanès. Bilit ou Melita, la mère des Dieux, répondait à Bel, et Astarté à Ao ou Ia.

Au-dessous de ces triades venaient d'autres Dieux, dont les noms varient sans cesse dans les inscriptions. Citons quelques-uns de ces noms : *Assour* ou Azor, roi de toute l'assemblée des grands Dieux, *Val*, qui déchaîne les tempêtes, *Istar*, reine de la guerre.

A Babylone, le principal objet du culte est Bel Merodach avec son épouse *Bilit ou Melita, déesse de la cime des montagnes.*

Dans une inscription, un roi dit : J'ai construit en briques, à Babylone, un temple en l'honneur de la grande déesse Anna, qui réjouit et soutient mon âme.

Ces Dieux innombrables se confondent sans cesse les uns dans les autres.

La religion, les arts, les mœurs étaient à peu près les mêmes à Ninive et à Babylone.

Les édifices religieux avaient le même type qu'aux Indes et en Chine ; c'étaient des pyramides à étages ou terrasses en retraites, les uns au-dessus des autres ; c'étaient des tours, appelées *zikurat*, des hauts lieux, des montagnes artificielles. Sur le sommet étroit était une petite chapelle où était la divinité. — à Babylone, on supprima ce sanctuaire en haut.

La sculpture assyrienne avait atteint une grande perfection, surtout dans les bas-reliefs ; l'art grec en procède.

Les taureaux gigantesques, à tête d'homme, qui sont dans nos musées, les lions ailés placés à l'entrée des temples, étaient des emblèmes analogues aux chérubins chez les Juifs, aux sphinx des Égyptiens, aux griffons de Perse, aux lions de Mycènes.

Merodach, l'hercule assyrien, manifestation de Bel, était représenté comme un homme gigantesque, à l'aspect terrible, étouffant de sa main un lion ; cette image, qui rappelle hercule étouffant de sa main le lion de Némée, devait symboliser l'action divine triomphant chez les héros du mal ou de l'erreur, symbolisés par un animal malfaisant.

D'après les inscriptions assyriennes, il y avait dans les

temples des idoles qu'aucun homme n'avait vus, et ils avaient aussi des forêts sacrées où personne ne pénétrait, sinon les prêtres.

Les monuments assyriens sont couverts d'inscriptions en caractères cunéiformes. « En donnant le premier, dit l'allemand Max Muller, un déchiffrement de ces inscriptions, Burnouf a élevé un monument plus durable que les annales gravées sur les rochers de la Perse. »

Ces inscriptions fournissent de précieux renseignements sur le culte des assyriens.

D'après Hérodote, à Babylone, devant la statue de Bel, assise comme celle de Jupiter à Olimpie, sur une table d'or, on offrait chaque jour, au Dieu, douze grandes mesures de farine de froment, six grands vases de vin, quarante moutons.

Voici quelques prières ou hymnes inscrites sur les monuments :

Dans les cieux qui est grand ? Toi seul es grand.

Sur la terre qui est grand ? Toi seul es grand.

Puisse le Dieu, mon créateur, se tenir à mon côté.

O Dieu de lumière.

Tiens la porte de mes lèvres, garde mes mains.

Dans une prière pour le roi, il est dit : Après la vie de ses jours, puisse-t-il, dans la lumière des champs bienheureux, vivre une vie éternelle dans la cour des Dieux qui habitent l'Assyrie.

Dans la description de la mort d'un juste, il est parlé des anges qui assistent un mourant, « pareil à un oiseau, est-il dit dans une courte prière, puisse-t-il voler à une place large, et monter jusqu'aux saintes mains (ou demeure) de son Dieu. »

Tout cela ne ressemble guère à un culte des forces naturelles.

Parmi ces hymnes qui sont dans la publication anglaise : *The records of the past times*, on en trouve qui rappellent les psaumes pénitentiaux de David, vol. III, page 136 :

« Oh mon Seigneur, mes péchés sont nombreux, mes fautes sont grandes, et la colère des Dieux m'afflige de maladies, de plaies et de chagrins.

Je faiblis et personne n'étendra ma main pour me soutenir.

Je pousse des cris de douleur, mais aucun ne les entend.

O Seigneur, n'abandonne pas ton serviteur·

Au milieu des eaux des grandes tempêtes, saisis sa main.

Efface les péchés qu'il a commis. . . . .

Oh ! mon Dieu, mes péchés sont au nombre de sept fois sept.

Oh ! ma déesse, mes péchés sont au nombre de sept fois sept. »

Le pécheur prononce ensuite une prière pour supplier ces divinités de lui pardonner, comme un père et une mère pardonnent.

Cette ressemblance entre la poésie sacrée des assyriens et celle des hébreux, prouve simplement que les assyriens avaient conservé des traces de la religion des temps primitifs, qui, chez les hébreux, avait été restaurée par la Révélation Mosaïque.

On retrouve dans les inscriptions assyriennes des récits analogues à ceux de la Bible. Ainsi rien ne ressemble à l'histoire de Moïse, mis par sa mère dans un berceau et livré au courant du Nil, autant que le récit de l'enfance du roi assyrien Sergine. Les mêmes faits se retrouvent dans la vie des fondateurs d'autres nations.

Romulus, né d'une fille de roi, mais d'un père inconnu, est lancé dans le Tibre ; il est sauvé par un berger dont la femme, Acca, le nourrit. Sergine est sauvé par Akki. On raconte les mêmes choses de Cyrus et du dieu Dionysius.

Les Acadiens furent les premiers habitants de l'Assyrie. Chaque homme possédait un sanctuaire privé, son haut lieu.

Là, au milieu de sa famille, il célébrait un culte semblable à celui des autres races aryennes, comme on le voit par cette prière au feu :

« O feu, grand Seigneur, qui es le plus exalté dans le monde.

Noble fils des cieux.

O feu, avec ta brillante flamme, tu éclaires la sombre maison.

Tu formes toutes choses, tu fonds le bronze, l'étain.

Tu raffines l'or et l'argent.

Tu repousses l'assaut des méchants dans le temple de la nuit.

A l'homme qui sert son Dieu, tu donnes lumière pour ses actions. »

Dans les temps primitifs, les Assyriens ou Chaldéens vécurent heureux et parvinrent à un remarquable développement de l'agriculture, des sciences, surtout de l'astronomie, des arts, etc., mais la religion, en se corrompant, ouvrit les voies à un despotisme sacerdotal et royal qui enfanta des mœurs d'une cruauté et d'une impudicité monstrueuses.

Les inscriptions où les despotes assyriens célèbrent leurs conquêtes, révèlent chez eux une religiosité ardente, combinée avec une cruauté atroce. Citons une de ces inscriptions où l'un de ces despotes raconte ses exploits :

« Ces hommes avaient comploté contre moi et contre Assour, mon Seigneur ; j'ai arraché leur langue, et devant les grands taureaux de pierre de Sennacherib, je les ai fait manger par les chiens. J'ai déshonoré leurs filles, j'ai rasé leurs cités. En faisant ces choses, j'ai réjoui le cœur des grands Dieux. »

Tous les conquérants Assyriens se divinisent eux-mêmes. Dans une inscription, Nebukedenesar dit de lui-même : « le dieu Merodach a déposé mon germe dans le sein de ma mère. »

La religion des Assyriens était entièrement corrompue à l'époque de leurs grandes conquêtes. Leurs victoires étaient souillées par des cruautés inouïes envers les nations vaincues. Ces nations prirent leur revanche et ne laissèrent pas pierre sur pierre ni un seul habitant à Ninive et à Babylone.

L'histoire des grandes guerres des Assyriens, avec les pays voisins, l'Egypte, les Mèdes, les Chananéens, est pleine de leçons salutaires ; elle montre qu'aucun de ces grands crimes de nation à nation ne reste impuni. Chaque peuple subit tôt ou tard le traitement qu'il a fait subir aux autres peuples. Ces empires qui paraissaient établis pour l'éternité, s'anéantirent les uns les autres. Les Assyriens, en 672 avant Jésus-Christ, traitent l'Égypte comme Totmès III avait traité Ninive, neuf siècles auparavant. Cyrus venge les Egyptiens. L'histoire de ces grands empires semble destinée à nous révéler les lois de la justice divine.

Les Chananéens, Edom, Moab, etc., avaient une religion analogue à celle des Assyriens, ils adoraient Baal et Astarté. Le centre religieux était Gebal ou Biblos. On a trouvé en 1874 une stèle en pierre qui représente une déesse assise, avec des cornes de vache sur la tête, et qui bénit de la main droite ; l'inscription porte que le roi de Gebal lui offre une libation en dédiant le monument à la dame Baalath, femme de Baal.

Chez les Phéniciens, comme chez les Assyriens, le Dieu par excellence, El, portait différents noms désignant les attributs divins. De ces noms divers, avec le temps, on a fait des divinités secondaires, Moloch, Chamos, chez les Moabites.

Le nom de Dieu le plus répandu était celui de Baal, mais comme Baal était adoré en divers lieux, on ajoutait à son nom celui du lieu, par exemple, Baal-Sidon, Baal-Phegor. De là autant de nouveaux Dieux. « Au Seigneur Baal de Tyr, » dit une inscription.

A Gebal (Biblos) qui signifie le tombeau de Dieu, on adorait Adonis, qui s'identifie avec Baal. La légende de la mort d'Adonis, de la douleur d'Astarté, a beaucoup de traits communs avec celle d'Osiris ; nous en reparlerons [1].

A Tyr, dans le temple de Melkarth, l'hercule Phénicien, le Dieu était adoré sous la forme d'une énorme émeraude conique.

Les Sidoniens introduisirent à Rhodes, à Cithère, le culte d'Astarté, d'où provint le culte d'Aphrodite, née de la mer, c'est-à-dire apportée par un peuple navigateur.

Pour ce culte, on éleva des temples à Paphos, à Chy-

[1] Les bas-reliefs assyriens, les plus anciens du musée du Louvre, représentent le plus souvent un homme en adoration, debout, la main droite élevée et tenant un gâteau ou une pomme de pin ; la main gauche tient une sorte de vase pour les libations. Les bas-reliefs les moins anciens représentent des scènes de guerre, de chasse.

pre, à Malte ; ils étaient petits, mais avec une vaste enceinte consacrée dite *temenos*. Dans tous ces temples, on retrouve un vestibule ouvert plus élevé que le reste du temple, un premier sanctuaire où se faisaient les offrandes, enfin un saint des saints où était le symbole de la divinité, une simple pierre ; à Paphos, cette pierre était de forme conique.

En Sardaigne, aux îles Baleares, on retrouve d'énormes cylindres de pierres monolithes, avec un cône ou calotte arrondie. Le dieu local était adoré sous la forme de cette pierre, qui était pour cela appelée Bethyle ou demeure de Dieu.

Les Phéniciens, inventeurs de l'alphabet, arrivèrent à un degré élevé de civilisation, mais leur culte, avec le temps se corrompit et dégénéra en débauches hideuses et en sacrifices humains.

Les prophètes hébreux ont anathématisé avec énergie la coutume de passer les enfants par le feu. Le minotaure de Crète était probablement une statue de Baal Moloch, à tête de taureau, à laquelle on sacrifiait les enfants athéniens.

Les pasteurs qui envahirent l'Égypte pendant le moyen empire, étaient des Chananéens. Le roi qui chassa d'Égypte les pasteurs et qui fonda la dix-huitième dynastie, conquit la Phénicie toute entière. Ce fut alors que les Phéniciens allèrent coloniser la Grèce ; ils commencèrent par la Béotie. Leur influence fut grande sur la religion des grecs.

La religion des arabes primitifs avait beaucoup d'analogie avec celle des chaldéens, mais les arabes restèrent plus longtemps fidèles au culte de El ou Il (d'où vient Allah) c'est-à-dire de la divinité conçue de la manière qui tendait le plus au monothéisme.

La diversité des qualifications données au Dieu unique et les noms des sanctuaires locaux, ajoutés au nom du Dieu, donnèrent naissance aux divinités secondaires en Arabie comme ailleurs : mais nulle part, en Asie, la religion ne resta plus près de sa pureté primitive que dans le Yemen.

Le culte très-simple, sans images, était dirigé par les pères de famille, qui invoquaient Dieu devant le soleil levant, dans lequel ils voyaient la manifestation la plus haute de l'Être divin. La plus grande de leurs fêtes encore célébrées aujourd'hui, avait lieu quand le soleil entrait dans le signe du bélier, c'est-à-dire en mars.

Les arabes considéraient, comme des images naturelles de la divinité, certaines pierres, certaines sources ou certains arbres ; ils avaient aussi des enceintes sacrées et des sanctuaires sur les hauts lieux où ils allaient en pèlerinage.

A cette antique coutume se rattache le pèlerinage des musulmans à la Mecque ; autour du temple est un bois de dattiers, dans lequel il est défendu d'offrir des sacrifices sanglants. Le pèlerin baise la pierre noire qui est dans le sanctuaire, après en avoir fait le tour sept fois, puis il va sur deux monticules où sont des pierres sacrées.

Mais l'acte principal de ce culte local consistait dans une ascension sur le mont Arafat, qui était considéré comme le symbole de la divinité, ainsi que l'hermon et autres montagnes d'Asie.

CHAPITRE II

Les Aryens en Perse, leur culte. — Zoroastre et le Zend-Avesta. — Le culte du feu, du soleil, d'après Swedenborg. — Le culte de Mithra.

§ Ier — *Les Aryens en Perse, leur culte.*

On place le berceau de la race aryenne ou indo-européenne, entre le Caucase et les montagnes au nord de l'Inde, c'est-à-dire dans la Bactriane et alentour. Cette race devenue trop nombreuse pour le pays qu'elle occupait, se partagea en deux courants d'émigrés dont l'un envahit les Indes et l'autre se répandit en Asie, puis en Europe.

Cette dernière émigration occupa d'abord la Perse ou l'Iram, dont la langue le Zend a une grande analogie avec le sanscrit. Le culte primitif chez les aryens de la Perse diffère peu du culte des aryens de l'Inde. Le chef de famille dresse sur un lieu élevé et en plein air un autel fait avec des mottes de gazon ou avec une large pierre, au milieu d'une enceinte sacrée, il consacre son autel par une onction de beurre liquide, puis il allume le feu sur l'autel par le frottement de deux branches de bois, enfin à genoux ou les mains élevées il chante l'hymne sacrée

L'adorateur place sur l'autel comme offrandes, du beurre ou du lait, des grains d'orge, et il élève vers le ciel, dans une coupe de bois, une liqueur ennivrante, faite avec le suc de l'asclepias, liqueur appelée *soma* dans l'Inde, haoma en Perse ; on lui substitua plus tard le vin ; on versait cette liqueur sur le feu, et on la laissait couler à terre. C'est pour cela que ces autels primitifs ont très-souvent des rigoles.

Cette libation était donc faite en l'honneur du feu et de la terre.

Ce culte primitif des aryens de la Bactriane reposait sur une conception monothéiste. On adorait un Dieu unique, *l'Être* par excellence, qu'on appelait Ahura ou Asura, mot dont la racine en sanscrit est *as*, d'où vient le mot latin, *esse*. Asura, signifie proprement le souffle. L'acte le plus général des êtres vivants étant la respiration, pour dire qu'une chose existe, les aryens disaient : elle respire. De la même racine sont dérivés les noms du Dieu suprême : Esar chez les Etrusques, Assour chez les Assyriens, Hesus chez les Celtes, Isis chez les Egyptiens. Mais dans l'être qui vit par lui-même, on reconnaissait deux attributs, l'amour, la sagesse ; on rendait hommage au premier de ces attributs par le culte adressé au feu *à Agni*, et au second des attributs divins par l'hommage rendu à la terre, en sanscrit *Prativi matar*, en grec *Demeter*, en latin *Tellus mater ou ops*, en allemand *Hertha*.

§ II. — *Zoroastre*.

La religion primitive des Aryens se corrompit même avant leurs émigrations de la Bactriane. Zoroastre voulut ramener le culte à sa pureté primitive, il fut tué par les mages.

Zoroastre vécut en Bactriane, 2.000 ans avant J. C. il avait reçu, disait-on, sa mission d'Ormuzd ou du Dieu suprême qui conversait avec lui dans une caverne où il habita 20 ans. C'était évidemment un extatique.

Zoroastre supprima les sacrifices d'animaux, revint aux offrandes de pain, de vin, de grains, de fleurs, de fruits, de vêtements ou bandelettes sacrées.

La réforme de Zoroastre fut repoussée par une partie des Aryens, qui émigra et envahit les Indes vers l'an 2.000 avant J. C. Cette branche des Aryens écrivit *le Rig Veda*, livre sacré qui est moins près de la religion primitive que le *Zend-Avesta*, œuvre de Zoroastre. Anquetil Duperron a immortalisé son nom en traduisant pour la première fois l'œuvre de Zoroastre ; sa traduction est inférieure à celle plus récente de M. de Harlez dont nous nous servons.

Le Zend-Avesta est écrit dans la langue de la Bactriane qui est le Zend, mais il a été traduit en langue Pelvi ou Parthe. Le fond du livre remonte aux temps les plus reculés, et la plus grande partie en est perdue. Il est facile de reconnaître beaucoup d'interpolations de date récente, où il est question du fer et de rites ridicules de purification.

Le Zend-Avesta se compose en grande partie de dialogues, entre Ormuzd et Zoroastre, il renferme sur l'origine du monde des récits analogues à ceux de la Genèse. Le paradis de Zoroastre ressemble au jardin d'Eden ; on y trouve deux arbres, et les griffons qui les gardent sont comme les chérubins. Yima le premier homme, (son homonyme indien est yama) commet une faute qui le soumet au pouvoir du serpent ; Yima est séduit par la Pairika, Deva féminin, beauté méchante, comme Adam est séduit par Ève. Yima mange des fruits apportés par le Dev, qui dit le mensonge, et de cent avantages qu'il avait, il ne lui en reste qu'un.

Yima reçoit l'ordre de construire un vaisseau où il met par couples des germes de toutes les créatures. Fargard II. 61. 64.

M. Lenormand, vol. II. 323, signale la concordance du Zend-Avesta avec la Bible, pour les six époques de la création.

Tout cela ne prouverait-il pas que la Bible et le Zend-Avesta n'ont fait que copier une Parole plus ancienne pour leur récit de la création.

Le Dieu de Zoroastre est un, il s'appelle *Ahura-Mazda*, l'être vivant et sage ; un troisième nom lui est donné *Cpenta Mainyus*, l'esprit vivifiant ; n'est-ce pas la véritable trinité divine : L'amour infini, ou la vie, la sagesse infinie et l'esprit vivifiant.

D'ahura-Mazda on a fait le mot d'Or-Muzd. Ahura-Mazda a pour aide, six génies, les Ameshas Spentas qui paraissent n'être que des termes abstraits, désignant les attributs ou perfections divines, la Toute-Puissance, la Providence, etc. Ainsi Craosha avec sa hache signifierait la puissance divine punissant les méchants, Mithra la justice divine récompensant les bons, etc. Ces génies qui symbolisent les divers aspects de l'Etre suprême ne doivent pas être confondus avec les bons esprits, ou avec les âmes des justes appelées Fravathis.

Cette manière de voir est confirmée par un passage admirable du Zend-Avesta, II. 193. Zoroastre demande à Ahura : qu'y a-t-il de plus puissant pour écraser la haine des devas, pour avoir l'intelligence, pour purifier son âme ; Ahura répond : mes noms, voilà le plus puissant protecteur. Retiens ces noms, et prononce-les jour et nuit... *Je suis le créateur, je suis le sage, je suis l'esprit très-saint*. Mon nom est le Sauveur. Je m'appelle Celui qui sauve mieux que tout autre... Je m'appelle Ahura le maître. Je m'appelle Mazda le sage. Je m'appelle Celui qui voit le mieux, Celui qui voit de loin. Je m'appelle le Gardien, le Bienveillant, Celui qui ne trompe pas, etc. »

Avec le temps on a fait de ces divers noms du Dieu unique, autant de divinités distinctes.

Est-il vrai que Zoroastre ait admis en face d'Ahura-Mazda, ou de l'Etre Divin, principe du bien, un principe mauvais, Arhiman qui serait un Dieu mauvais, luttant éternellement contre le Dieu bon.

Que ce dualisme ait régné dans la religion de la Perse, quelques siècles après Zoroastre, cela n'est pas douteux, mais rien dans les fragments qui nous restent du Zend-Avesta, ne prouve bien clairement, que telle ait été la doctrine de Zoroastre. Ce qu'il appelle Anzo Mainyas, l'esprit qui tue, Arihman, n'a sans doute été pour lui que la personnification du mal produit dans le monde, par l'abus du libre arbitre de l'homme. Les chrétiens n'ont-ils pas de tout temps personnifié le mal moral de cette manière, en le désignant sous divers noms : le Diable, Satan, Lucifer, etc.

Zoroastre admettait comme les chrétiens, la lutte des bons et des mauvais esprits, et le triomphe final d'Ormuzd, à la fin du temps. Cette lutte du bien et du mal, de la vérité et de l'erreur, des bons et des mauvais esprits, se retrouve dans toutes les religions, et est symbolisée dans le Rig Veda, par la lutte entre Indra, le Dieu du ciel ou du jour, et Vrita, le Dieu de la nuit.

« Ce qui afflige le plus la terre, dit le Zend-Avesta, II. 3, c'est le mont Azezura, où se réunissent les Devas, s'élançant de la caverne des Drujes. » Ce nom de Drukh,

Aka, Caca, pour désigner le mal en général, l'ensemble des mauvais esprits, se retrouve dans les triades Bardiques des Gaëls. Le mot français *Drogue* vient de là.

Dans les Vedas, la lutte du bien et du mal est symbolisée par le combat d'Indra qui lance la foudre sur Vrita ou le serpent Ahi, qui a volé les vaches célestes et les a enfermées dans une caverne. Indra les délivre comme Hercule délivre les bœufs enlevés par le géant Cacus.

Dans le Zend-Avesta, Zohak, monstre à trois têtes, a usurpé l'empire de la Perse ; le héros demi-dieu Feridoun le combat, le lie avec une courroie de peau de lion et avec des clous perçants l'enchaîne à un rocher. Ce mot de Feridoun s'applique à tout homme qui triomphe du mal. « Sois juste et généreux, dit Zoroastre, et tu seras un Feridoun. »

On appelle Mazdeisme, la religion fondée par Zoroastre qui présente sa doctrine comme un retour à la religion primitive des aryens.

MM. Kossoviez et Spiegel, *Histoire de l'Antiquité Iranienne*, estiment que cette conception théologique est issue d'un monothéisme antérieur.

La rédaction du Zend-Avesta, telle que nous la possédons, doit être antérieure à la conquête d'Alexandre.

On retrouve beaucoup de croyances semblables, parmi les sectateurs du Rig-Veda, et ceux du Zend-Avesta. Mais ces derniers adorent un Dieu plus spirituel, et rangent parmi les esprit mauvais les Devas Vediques, sorte de déités de la nature.

Les Mazdéens, comme tous les hommes des temps primitifs, lorsqu'ils adoraient Dieu, se tournaient vers le soleil, surtout vers le soleil levant, qu'ils n'adoraient point comme Dieu en lui-même, mais comme manifestation et représentation de Dieu. La flamme qu'ils allumaient sur l'autel consacré, avait pour eux la même signification.

Ces autels en plein air n'étaient que des amas de pierres non taillées ou de gazons, placés sur les hauts lieux, et sur le bord des sources ou des fleuves. Chaque père de famille célébrait lui même le sacrifice, allumait la flamme et versait sur elle, et sur la terre, du beurre, de l'huile, du lait, du miel et surtout le homa. Celui qui sacrifiait élevait vers le ciel la coupe en bois, buvait du liquide qu'il faisait boire aussi à sa famille, puis le versait sur le feu. De nos jours encore, on voit en Perse des vieillards se rendre sur une élévation, déposer à terre des pierres cachées sous leur manteau, allumer le feu avec des branches sèches, se prosterner du côté de l'orient, et prier tant que la flamme brille.

Plus tard on construisit des temples du feu ou Pyrées, au milieu d'une enceinte sacrée que le prêtre seul franchissait. Le feu qui symbolisait la divinité était allumé sur un vase de pierre ou d'airain, rempli de cendres et haut de trois pieds. Le prêtre faisait alors les libations de homa remplacé bientôt par le vin, et récitait des prières ou hymnes sur deux ou trois notes, avec accompagnement de flûtes, de tambours et de cymbales.

Dans beaucoup de ces temples, le feu sacré brillait continuellement ; quelques monuments montrent la figure d'Ormuzd apparaissant au milieu de la flamme. Ormuzd est souvent représenté, au-dessus de l'image des rois Achemenides, sous la figure d'une tête barbue qui symbolisait Ilou ches les Assyriens. Les Perses comme leurs voisins, comme tous les hommes primitifs, adoraient donc Dieu sous une forme humaine.

Citons quelques-unes des prières qui sont dans le Zend-Avesta. Voici, une prière qu'on devait dire les mains élevées vers le ciel.

« Moi qui suis à vous, ô Ahura Mazda, je viens vous implorer pour que vous me donniez les biens appartenant aux deux mondes, au monde corporel et à celui de l'esprit. Puissions-nous ne jamais vous offenser. Enseignez-moi du haut du ciel, de votre propre bouche, pour que je proclame vos enseignements. Enseignez-moi à conserver la pureté et le bon esprit, dans l'état où était le monde primitif. »

« Donne-nous, ô Ahura, des hommes justes pour compagnons, qu'il nous soit donné une parenté, une domesticité pour nous aider. Que nous parvenions à ton bienheureux royaume, ô Ahura. »

Voici une prière qu'on récitait près de l'autel du feu : « C'est toi que nous venons implorer, ô Ahura Mazda, par ce culte du feu... feu, tu es le fils d'Ahura... Nous venons t'honorer avec un esprit pur, par des paroles et des actions sages et saintes. Nous te vénérons, nous t'invoquons, ô Ahura, par toutes les bonnes pensées et les bonnes actions qui nous sont possibles. Nous proclamons ton corps le plus brillant de tous les corps, nous proclamons la plus élevée de toutes, cette lumière qui s'appelle le soleil. » *Le Zend-Avesta, traduit par Harlez.* vol. II. pag. 223.

Ces paroles montrent qu'on vénérait le feu, le soleil, uniquement comme la manifestation, comme le fils, le corps d'Ahura Mazda.

L'hymne qui suit, rappelle les hymnes à Agni dans le Rig Veda. C'était évidemment un hymne pour un culte de famille.

« Sois constamment allumé dans cette demeure, ô feu, fils d'Ahura, donne-moi des biens en abondance, le courage viril, une descendance qui délivre ses pères des peines de l'autre vie. » Vol. II. pag. 171.

Pausanias dit que les Perses faisaient des sacrifices

au feu et aux eaux. Voilà un hymne aux eaux et à la terre II, 125, « Nous honorons par nos sacrifices cette terre, qui nous porte, et ses forces productrices qui sont à toi, ô Ahura Mazda... Nous offrons ces sacrifices à l'eau sainte, aux eaux de la rosée, des sources, de la pluie... ô Ahura, tu as formé tout ce qui est bon, nous te faisons ces offrandes, nous dirigeons tous nos désirs vers toi, ô Ahura Mazda. »

Cette prière montre que les sacrifices offerts aux eaux, à la terre, s'adressaient en réalité au Dieu unique dans les temps primitifs.

Le Zend-Avesta renferme une sorte de liturgie ou de préparation au sacrifice. Voir pages 40. 50...

« Appliquez avec fermeté vos pieds, vos mains, vos volontés, à la pratique des bonnes œuvres, à la fuite des actions mauvaises. »

Comme on le voit, la pureté, la charité, les bonnes œuvres sont recommandées comme préparation au sacrifice[1].

Toutes les prières du Zend-Avesta respirent le spiritualisme le plus pur, et s'adressent à un Dieu unique, à un Dieu esprit, avec lequel l'adorateur s'unit par une conjonction intime qui rappelle certains passages de l'imitation de J. C.

« Comment vous honorerais-je d'hommages dignes de vous, ô Mazda, qu'un ami tel que vous, l'enseigne à un ami tel que moi... Je sais pourquoi je suis sans ressources,

[1] Voilà comment Oppert traduit l'honover, prière que les Parsis répètent cent fois le jour. « C'est le désir d'Ormuzd que le chef de la foi fasse des œuvres saintes et pures... il donne l'abondance à celui qui agit saintement dans le monde. Vous établirez roi, ô Ormuzd, celui qui soulage et nourrit le pauvre. »

je sais que je suis un homme faible, au milieu d'hommes faibles. « Page 133.

Ce nom d'Ahura que l'aryen de Perse donne à Dieu, est le même que celui d'Asura, qui, dans le Rig Veda désigne l'esprit suprême qui règne au ciel. Bien que ce nom, dit Pictet, vol. II, 654, s'applique parfois au ciel et à Varuna qui le personnifie, il n'a pu désigner que le Dieu vivant et spirituel. Ce qui le prouve, c'est qu'en se séparant, les Iraniens ont conservé ce nom pour leur divinité suprême, Ahura Mazda, c'est-à-dire, l'esprit sage. »

Il est évident que le nom du Dieu suprême chez les assyriens, Assour, est le même qu'Asura ; tous ces noms ont la même racine, Asu, vie, d'où sont venus probablement l'Isis des Egyptiens, l'Hésus des Celtes, le roi Ahu des peuples du Nord.

Les parties les plus anciennes et les plus authentiques du Zend-Avesta, sont évidemment les Gathas. Si l'on ôte de ce livre les interpolations faciles à reconnaître, aucun écrit ne nous donne des notions plus exactes sur la religion primitive des Aryens.

Le culte des Mazdéens ou disciples de Zoroastre se distingue surtout par l'importance capitale qu'il attribue à une vie pure et remplie par des usages ou travaux utiles. Vol. I, 102.

Zoroastre, s'adressant à Dieu, lui dit : Créateur des mondes, où est en premier lieu ce qui cause le plus de joie à la terre. Ahura répondit : c'est là où un homme juste paraît, portant à la main le bois de l'autel, la coupe... C'est là, où un homme juste bâtit une maison pourvue de feu, de bétail, d'une femme et d'enfants... C'est là, où les bestiaux abondent. Quel est celui qui fait goûter à la terre, une joie parfaite ? C'est celui qui fait croître le plus de grains et d'arbres, celui qui travaille la terre du bras droit et du bras gauche. Ce qui fait fleurir la loi mazdéenne, c'est la culture du blé pratiquée avec ardeur. » Les mazdéens avaient en horreur la vie nomade, et honoraient celui qui labourait des terres en friche.

Les mazdéens vénéraient le coq, comme le ministre d'Ahura. « L'oiseau appelé Parodar, dit le Zend-Avesta, fait entendre sa voix au lever de l'aurore, et crie : O mortel, un long sommeil ne te convient pas, lève-toi, va chercher du bois pour le feu d'Ahura. Celui qui se lève le premier arrive au Paradis avant les autres. »

Le Zend-Avesta recommande l'amour du travail et aussi la bonne foi, la loyauté dans les transactions et contrats. Les Grecs reconnaissaient que les Perses avaient horreur du vol, du mensonge et de la cruauté. Le Zend-Avesta défend de maltraiter le coq, la vache, le chien.

Le Zend-Avesta, recommande la pureté des mœurs, mais loin d'exalter l'ascétisme, il met au-dessus de tout la vie de famille. « L'homme marié, dit-il, est préférable à celui qui ne l'est pas. » IV. 130.

Les aryens primitifs croyaient que l'homme ne pouvait être heureux dans l'autre vie, s'il ne laissait des enfants sur la terre. Ils interdisaient la Polygamie, sauf dans le cas de stérilité.

Le Zend-Avesta condamne avec la dernière rigueur le vice contre nature, le commerce avec une courtisane, etc. Quelle que soit l'impureté commise par un homme, sa faute retombera sur ses parents qui l'expieront.

Il y a, dans le livre de Zoroastre, des prescriptions pour se purifier, très-puériles, mais ces prescriptions ont été intercalées très-tard dans le Zend-Avesta dont l'esprit large et élevé est en désaccord avec ces pratiques superstitieuses. Ces prescriptions sont l'œuvre d'Ascètes Manichéens.

L'une des fêtes principales des iraniens avait lieu au printemps, et s'appelait la fête de Pasck ; on doit remarquer l'analogie de noms, avec la fête de la Pâques chez les Juifs.

Les mazdéens n'incinéraient pas les morts, pour ne pas souiller le feu, la chose la plus pure, mais ils exposaient les corps dans un lieu élevé où ils étaient dévorés par des oiseaux de proie ; les Parsis, dans l'Inde, ont conservé cet usage.

Plusieurs passages de l'Avesta montrent combien était profonde la foi des mazdéens à la vie de l'âme après la mort. « Promets à l'homme, dit Ahura à Zoroastre. II. 166, comme récompense de ses bonnes actions la plénitude de la jouissance du Paradis dans le monde futur. » D'après l'Avesta, quand l'homme est mort, les Devas ou mauvais esprits viennent rôder autour de lui pendant trois jours, alors la conscience de ses bonnes actions se présente au défunt sous la figure d'une jeune fille pleine de beauté, de grâce, de majesté. II. 185.

Les mazdéens croyaient que les défauts d'un homme retombent sur sa famille, sur le pays qu'il habite ; ils attribuaient les difformités du corps, aux crimes commis par les ancêtres, et même dans ce monde-ci les hommes, pervers par leur méchanceté, développent la puissance malfaisante de l'hiver, de la sécheresse, de la maladie. Toutefois les fautes s'effacent chez ceux qui ne commettent plus d'actes coupables. I. 110.

Les mazdéens croyaient que la prospérité des maisons, des troupeaux, était due aux bons esprits. De là les hommages qu'ils rendaient aux âmes des morts qui pour eux étaient les anges ou esprits.

« Je fais des offrandes, est-il dit, aux esprits pour qu'ils viennent demeurer parmi nous, à la femme pieuse, à la jeune fille qui habitait ici et qui est morte... Je loue les bons, les puissants *fravashis* (esprits) des hommes justes, je les invoque. Nous honorons les fravashis qui dirigent les maisons, les bourgs, les tribus... nous honorons les âmes de ceux qui sont morts... II. 85. 100.

D'après ces passages, il est évident que les mazdéens ne connaissaient pas d'autres esprits que les âmes des hommes morts. Il est intéressant de comparer les honneurs qu'ils rendaient aux âmes des morts avec les coutumes des Egyptiens, des Romains.

Le mazdéisme fut la religion dominante en Perse sous Cyrus et ses successeurs, (les Achéménides) ; Cyrus fit relever les pyrées ou autels du feu, détruits par les Mèdes... Les mazdéens qui avaient réagi contre le Polythéisme l'idolatrie, les sacrifices sanglants, la magie, sympathisèrent certainement avec le peuple d'Israël, ce qui explique pourquoi Cyrus délivra les juifs et fit rebâtir le temple de Jérusalem. Aucune religion de l'antiquité ne se rapprocha davantage du monothéisme des hébreux.

Le mazdeisme dominait chez les Perses au temps de leur grandeur. Dans une inscription de Darius fils d'Hystaspe, on lit : C'est Ormuzd qui m'a donné la force de faire mes conquêtes. Qu'il préserve du mal, ma famille mon pays. »

La supériorité de la religion des Perses se montre par leur modération envers les vaincus ; ils ne les anéantissaient point comme les assyriens, mais les laissaient vivre selon leurs lois, leur religion.

Le mazdeisme dégénéra avec le temps, et les mages se livrèrent à la magie défendue par Zoroastre. Sous les Sassanides cette religion se réveilla avec une grande force, mais elle fut presque anéantie par l'invasion musulmane. Aujourd'hui le mazdeisme n'a plus pour sectateurs que 5,000 Guèbres en Perse et 100,000 Parsis dans l'Inde anglaise. Ceux-ci déclarent qu'ils n'adorent point le soleil ni le feu, qu'ils honorent seulement comme emblème de la Divinité. Les Parsis, quoiqu'en petit nombre, sont très-influents à cause de leur amour du travail, de leur vie pure et de leur grande richesse. Il y a aussi parmi eux des conservateurs et des libéraux en religion.

§ .III — *Du culte adressé au soleil et au feu, dans les religions antiques, d'après les ouvrages de Swedenborg.*

Dans *Arcanes*, 2,461, Swedenborg dit : Par le soleil, ceux de l'Église Ancienne entendaient le Seigneur et son amour infini. Aussi d'après leurs rites, ils se tournaient vers l'orient pour prier, ne pensant pas même alors au soleil ; mais leurs descendants ayant perdu le sens de ce rite, commencèrent à adorer le soleil lui-même, et la lune elle-même, et leur élevèrent des temples et des statues.

Dans l'*Apocalypse expliquée*, 401, Swedenborg dit que parmi les Anciens, ceux qui étaient dans l'amour de soi et par suite sensuels, commencèrent à adorer comme Dieux suprêmes, le soleil et la lune qu'ils voyaient de leurs yeux, et persuadèrent aux autres de faire de même ; car ceux qui sont dant les idées naturelles et non spirituelles, croient que toutes choses vivent par le soleil et la lune, et ils croient que ce qu'ils ne voient pas et ne touchent pas, n'est rien.

Swedenborg affirme donc dans ses écrits, que les sages parmi les anciens se tournaient en priant vers le soleil ou la lune, ou vers les images de ces astres, parce qu'ils voyaient dans le soleil le représentatif de l'amour divin, dans la lune l'image de la vérité divine.

Sur toutes les tombes Perses et sur leurs monuments, on voit l'image d'un homme barbu, avec cette inscription : « Un grand Dieu est Ormuzd qui a créé cette terre et les cieux, qui a créé l'homme et lui a donné le bon principe. »

L'idée que les Perses avaient du Dieu suprême, était donc analogue à celle que Swedenborg attribue à Aristote dans *Arcanes*, 4658. Aristote auquel il est demandé, quelle idée il avait eue de la Divinité suprême, répond qu'il se l'était représentée avec une face humaine, la tête entourée d'un cercle radieux. Ce cercle est la sphère divine qui procède de lui, pour disposer toutes choses dans l'univers.

Aristote ajoute, qu'il a cru à un seul Dieu, dont on avait désigné les attributs et les qualités par autant de noms que les autres ont adoré de Dieux.

On peut trouver aussi l'explication de beaucoup de symboles de l'antiquité relatifs aux dieux pères et aux déesses mères, dans le § 808, *de la Vraie Religion Chrétienne*, où il est dit : Le Seigneur a créé le soleil, pour que dans le monde naturel il fut comme un père, et la terre comme une mère. Car le soleil est comme le père commun et la terre comme la mère commune de tous les êtres.

Quant au culte du feu ou plutôt par le feu, voici ce qu'en dit Swedenborg.

« D'après la science des correspondances, le feu signifie l'amour. C'est d'après cette correspondance que dans le langage ordinaire on dit : s'échauffer, être enflammé, brûler, quand on parle des affections qui appartiennent à l'amour. » *A. Expliquée* 504.

Les très-anciens, dans leur culte, représentaient deux choses par le feu sur la montagne ou sur l'autel public ou privé : 1° l'amour du Seigneur pour toutes ses créatures ; 2° l'amour qui embrase le cœur de l'homme pour Dieu et le prochain.

Apocalypse Expliquée, 504. — « Comme le feu dans le sens suprême signifie le divin amour du Seigneur, pour cela il fut ordonné que le feu brûlerait continuellement sur l'autel. » Voir le Lévitique.

Arcanes, 2179. — Ce feu continuellement allumé sur l'autel, représentait l'amour ou la miséricorde perpétuelle et éternelle du Seigneur. »

Arcanes, 6832. — Le chandelier aux sept branches représentait le divin vrai.

Apocalypse Expliquée, 504.— « C'était de là que chez les grecs et les romains, il y avait parmi leurs rites religieux le feu perpétuel, auquel veillaient les vierges. Si ces peuples ont adoré le feu comme saint, ils tenaient cela des Églises anciennes qui avaient existé dans l'Asie, et dont toutes les choses du culte étaient représentatives.

Si le feu signifie l'amour, c'est que le Seigneur apparaît dans le ciel, d'après le divin amour, comme soleil.

« De là l'huile d'où provenait le feu de la flamme signifiait le divin amour. »

En second lieu le feu sacré, dont on usait dans le culte, signifiait le bien de l'amour céleste et le bien de l'amour spirituel chez celui qui adressait son culte au Seigneur.

C'est de là que l'huile dans les lampes des cinq vierges prudentes signifiait le bien de l'amour pour le Seigneur et le prochain ou la charité.

Voir *Apocalypse Expliquée*, 504, et *Arcanes*, 10, 177.

Pour représenter par le feu l'amour de l'homme pour le Seigneur, on se servait surtout d'encensoirs, de lampes et de cassolettes. Ce dernier rite existe surtout en Chine.

Dans le temple de Jérusalem, on prenait du feu pour les encensoirs sur l'autel où brûlait le feu perpétuel.

Les fumigations représentaient les affections, les pensées élevées en haut et acceptées par le Seigneur.

Il serait facile de multiplier les extraits de Swedenborg sur les feux perpétuels, les lampes dans le temple, comme symboles de l'amour de Dieu pour les hommes et de l'amour des hommes pour Dieu.

De tous les symboles qui représentent la divinité, celui qui présente le plus d'avantage est le feu; à Rome, Numa qui défendit d'attribuer à Dieu aucune forme humaine ou de bête, ne renversa point l'autel du feu, qui peut difficilement dégénérer en idolâtrie.

Les Egyptiens, dans les temples de l'ancien empire, n'avaient point d'images ou statues divinisées, mais seulement un petit nombre de symboles représentatifs des biens et des vrais par lesquels on doit adorer le Seigneur.

Dans le culte primitif de l'Inde, le feu sacré était appelé *Agni*, d'où provient le latin ignis, et représentait l'amour de Dieu pour tous les êtres. De là les hymnes à Agni, dans le Rig-Veda, sont comme des hymnes à Dieu lui-même.

Lorsque Chardin alla en Perse, au XVIIe siècle, il vit encore le feu sacré qui brûlait depuis 4,000 ans sur la montagne. Ce pyrée était alimenté par des matières ne répandant ni fumée, ni mauvaise odeur, par du beurre, de l'huile ; on priait devant le feu. « Ces persans, dit Chardin, ont pour le feu un respect indéfinissable, mais ils ne l'adorent pas, ils le considèrent seulement comme un emblème de la puissance divine, et on leur apprend, dès l'enfance, à se placer pour prier devant un foyer lumineux [1]. »

Ce rite fixe les idées et rappelle à chacun son devoir religieux, soit dans les temples, soit dans les demeures privées. Les ignorants peuvent adorer le symbole au lieu de l'Être divin qu'il signifie, mais ceux qui sont bien informés n'adorent que la source infinie de la lumière et de la vie spirituelle en s'inclinant devant le feu ou devant le soleil qui est le feu le plus parfait.

Chez les Guebres et les Parsis, le soleil est l'image la plus sublime du Créateur, et le feu son symbole le plus pur. Ce rite a été commun à tous les peuples de l'antiquité, et existe encore chez beaucoup de nations actuellement.

A Athènes, une lampe perpétuelle brûlait dans le prytanée, et à Rome on adorait la divinité sous la forme d'un feu perpétuel gardé par des vierges. Ce feu était appelé Vesta chez les latins, Hestia chez les grecs. Ces mots viennent du sanscrit Vasta.

Chez les Celtes, qui semblent avoir pendant longtemps, à l'instar des Egyptiens de l'ancien empire, interdit l'u-

[1] Dans les villes où il y a des Parsis, dès l'aube ils se dirigent vers la campagne ou montent sur les hauteurs et les terrasses des maisons d'où ils peuvent voir le soleil levant. A Bombay, rassemblés par milliers sur l'esplanade du fort, ils prient matin et soir le front courbé vers la terre ; c'est un émouvant spectacle. Chez les Parsis de l'Inde, il n'y a pas un mendiant ni une femme prostituée. Ils aiment tous le travail et s'entr'aident ; parmi eux sont les plus riches négociants de l'Inde.

sage des images dans leur culte; des prêtresses vierges entretenaient le feu sacré, renouvelé au solstice d'hiver. En Irlande, le feu perpétuel brûlait sur la montagne, résidence des prêtres, au centre de l'île.

Les Persans allumaient en plein air de grands feux sacrés au solstice d'hiver, mais leur plus grande fête était à l'équinoxe du printemps, qu'ils fixaient au 14 mars, qui était pour eux le commencement de l'année.

Les chinois, dans la première pleine lune de leur nouvelle année, ont aussi leur fête des lanternes qui frappe d'admiration les étrangers par la magnificence des feux allumés partout.

Les persans avaient aussi une nuit de prières ou la fête des lumières au 1er octobre; à ces deux fêtes correspondent, chez les chrétiens, les feux de Noël, de la Saint-Jean.

Les mêmes rites, les mêmes symboles sont encore en usage chez beaucoup de peuples. Le feu sacré de Montezuma est toujours allumé chez les Aztèques du nouveau Mexique. Les peaux rouges, dans l'Amérique du nord, dans leurs huttes, ont, sur une écorce de bouleau, une grossière représentation du soleil, dans lequel ils croient que le grand esprit réside.

Dans la Sibérie orientale, les prêtres du chamanisme disent aussi que le Dieu suprême habite dans le soleil et qu'il a sous ses ordres une foule de divinités inférieures ou esprits [1].

[1] Les Persans avaient aussi des fêtes pour consacrer ou bénir l'eau destinée aux libations et aspersions. Le feu représentait le principe mâle ou le bien, l'eau le principe féminin ou la vérité. On déposait le feu et l'eau sur le seuil des nouveaux mariés.

§ IV — *Du culte de Mithra.*

Ce culte ne nous est connu que par des monuments peu anciens. Il présente des traces du Mazdéisme et des religions d'Assyrie.

Mithra vient de Mithr, qui signifie encore de nos jours le soleil et l'amour dans la langue des Perses et des Indiens.

Mithra est donc une personnification du soleil ou plutôt du Dieu suprême, unique, que l'on adorait dans les temps primitifs, en regardant le soleil levant.

Ce que l'on appelait la fête du soleil invincible, *dies natalis solis invicti,* se célébrait le 25 décembre, quelques jours après le solstice d'hiver où le soleil semble renaître. Cette fête se célébrait en Orient et en Occident. Les pères du IVe siècle ont consacré au culte chrétien une coutume enracinée par le temps en fixant au 25 décembre la célébration de la naissance du Christ, dont la date est inconnue.

Le symbole le plus fréquent sur les monuments mythriaques, représente un jeune homme terrassant un taureau et l'immolant. Ce mythe est analogue à celui de Persée, tuant le monstre marin pour délivrer Andromède. Persée ou le héros persan Dschemid, est le fils de Mithra, comme hercule le tueur de monstres est le fils de Jupiter. Le taureau qui est immolé par le jeune héros ou par l'enfant de Dieu est, dans ce symbole, un animal mauvais, impur, qui signifie le mal moral.

Dans un sens plus élevé, celui qui dompte le taureau, c'est Dieu lui-même qui dompte le mal ou le mauvais principe.

Cette lutte du Dieu Sauveur ou du héros fils de Dieu contre un monstre revet les formes les plus diverses dans les monuments antiques. Tantôt on voit Mithra sur le char du soleil, sauvant un homme se débattant dans les replis d'un serpent, tantôt le Dieu enfonce le poignard dans le flanc d'un griffon ailé, tantôt le héros étouffe un lion ou une autruche qu'il tient par le cou, le héros lutte aussi contre un chien qui le mord par derrière, ou contre un scorpion, ou contre un animal fantastique, animal à la tête humaine, appelé martichoras.

Dans les mystères mythriaques, ce symbole représentait l'initié, celui qui est devenu enfant de Dieu, en tuant en lui la bête féroce, ou ses penchants naturels, mauvais ou tournés au mal, lesquels étaient représentés par le taureau qui, d'après Swedenborg, correspond au degré naturel chez l'homme.

Dans cette lutte contre ses penchants mauvais, le héros, l'homme enfant de Dieu ou régénéré par Dieu, doit reporter tout le mérite, l'honneur de la victoire, au Dieu Sauveur. C'est pour cela que dans ces images qui représentent le triomphe d'un héros sur un animal fantastique, le plus souvent un taureau, on lit ces mots : *Deo soli invicto mithra*, à Dieu qui est seul vainqueur, à Mithra.

LIVRE III

DES RELIGIONS DE L'INDE, DU JAPON, DE LA CHINE, ETC.

—

CHAPITRE PREMIER

Origine des populations de l'Inde antique.

Dans les temps les plus anciens, les hauts plateaux de l'Asie centrale, entre l'Hymalaya et le Caucase, ont été habités par une population qui s'appelait la race des aryas ou aryens.

Par suite de l'accroissement de cette population, peut-être aussi sous l'influence de dissensions religieuses ou politiques, les aryens émigrèrent par grandes masses environ 2500 ans avant J. C. Quittant le berceau de leur race, les uns se dirigèrent vers le midi et pénétrèrent dans l'Inde ; les autres marchèrent vers l'Ouest et peuplèrent d'abord l'Asie Mineure, puis l'Europe.

Les aryens trouvèrent dans l'Inde des populations indigènes de race jaune ou noire, complétement sauvages, qu'ils exterminèrent en partie. Ces peuples mangeurs de chair crue, que les Vedas appellent les Dasyous, formèrent plus tard la caste inférieure de l'Inde.

Chacun de ces deux grands courants d'hommes sortis

de la Bactriane où coule l'Oxus, avait une langue propre. Les aryens de l'Inde parlaient le sanscrit, ceux de la Perse le Zend. Ces deux langues étaient l'une et l'autre dérivées d'une langue primitive qui est perdue ; de cette langue proviennent aussi les langues Européennes.

Les Philologues modernes par la comparaison de Sanscrit, du Zend, du Grec, du Latin, du Celte, de l'Allemand, du Slave, ont prouvé la commune origine de ces langues, et l'on peut conclure de ce fait capital que les peuples qui parlent ces langues ont eu les mêmes ancêtres.

M. Pictet de Genève a mis à la portée des gens du monde les résultats de ces découvertes philologiques dans son ouvrage : *les origines indo-Européennes*, source inépuisable de renseignements.

Les auteurs du Rig-Veda se donnent, comme les auteurs du Zend-Avesta, le nom d'aryens. En Sanscrit, *arya*, signifie maître, seigneur, de bonne race ; *ayria* dans la langue Zend signifie noble, respectable. De cette même racine proviennent le latin *herus*, *hera* seigneur, souveraine, l'allemand *herr*, le gaëtique, *er*, grand, noble, l'anglais *Lord*, seigneur.

On retrouve la même racine dans le mot *ara*, autel, et *arare*, labourer. La culture des terres distinguait les aryens des races nomades, des touraniens ; *toura* signifie la vitesse du cavalier, de là vient aussi le latin et le français : torrent.

Le nom des aryens se retrouve dans le nom actuel de la Perse, Iram, Herah, dans celui de l'Irlande, *Erin*. A la même racine on a rattaché le nom de l'Asie, et des Ases de la Scandinavie, le nom de l'Assyrie, aussi appelée l'Athyrie et cent autres noms de peuples ou de lieux.

Les noms des nombres sont à peu près les mêmes dans les sept langues dérivées de l'aryen primitif (voir Pictet.)

Le mot français, *Père*, correspond au sanscrit *Pitar*, au zend *Patar*, au grec *Pater*, au latin *Pater*, au gothique *Fadar*, à l'irlandais *Athaïr*.

Le mot français *Mère*, correspond au sanscrit *Matar*, au zend *Matar*, au grec *Mater*, au latin *Mater*, à l'irlandais *Methaïr*.

Le mot français *Frère*, correspond au sanscrit *Bratar*, au zend *Bratar*, au grec *Frater*, au latin *Frater*, au gothique *Brother*, à l'irlandais *Brathaïr*.

Dans la langue aryenne, la racine *Div*, briller, exprimait l'idée de lumière ; l'adjectif *Deva*, brillant, servit à désigner la région brillante luminense, le ciel, et *Deva Pater*, signifiait le père, le maître du ciel, notre père dans les cieux.

Dyaus, féminin signifie le ciel ou ce qui brille ; de là *Dyaus Pitar* c'est le ciel père, *Dyaus* équivaut à *Zeus*. Il y a analogie entre le *Dies pater genitor* du latin, le Dios ou le *Zeus pater genitor* des grecs, et le *Dyaus Pitar ganità* du sanscrit.

Il n'y a pas trace de ce Dieu suprême dans les hymnes du Rig-Veda qui sont adressés à Indra, Agni, et autres divinités secondaires, qui personnifiaient chacun des attributs du Dieu un, que les aryens du Punjaub appellent encore *Dyaush Pita*, le ciel père, que les grecs nommaient *Zeus pater*, les latins *Ju-piter*, le ciel père, *Sublime candens*, les teutons *Ziu* ou *Tio*, *Thor*, et les gaulois *Dis*.

Les mots communs aux langues indo-Européennes font connaître le degré de civilisation auquel étaient parvenus les aryens avant de se diviser en plusieurs branches, et nous montrent qu'avant cette séparation les aryens avaient des doctrines sur Dieu, le ciel, l'adoration, qu'ils avaient le mariage, le labourage.

La Philologie montre que les aryens étaient soumis au régime Patriarcal. Le mot sanscrit *Ganaka*, signifie géniteur, père ou roi. Le mot tudesque *King*, qui dérive de *Ganaka*, avait les mêmes sens.

Dans la famille aryenne primitive, la femme n'était pas la servante de son mari ; elle offrait avec lui le sacrifice, et au même titre, comme souveraine en sa maison.

La maison en sanscrit s'appelle *Dam*, en zend *Demana*, en grec *Domos*, en latin *Domus*, en irlandais *Daihm*.

Le mot sanscrit *Duhitri*, qui désigne une fille, signifie celle qui trait les vaches. C'est le même mot que le *Tugater* grec, le *Tochter* allemand, le *Daughter* anglais.

La pierre en sanscrit s'appelle *Cyla*. Le mot *Silex* ne vient-il pas de ce mot *Cyli* qui signifie aussi lance, dard [1].

§ Ier. — *Les livres sacrés des hindous*.

Le sanscrit cessa d'être parlé 300 ans avant J.-C. mais les indiens ont conservé un grand nombre d'écrits en cette langue. Les plus anciens sont les Vedas, que des érudits ont fait remonter à 3,000 ans avant J.-C. Cette antiquité des Vedas n'est plus admise aujourd'hui.

D'après Max Muller, les auteurs ou plutôt les compi-

[1] On a accordé en notre temps trop d'importance à la Philologie pour la distinction des races ; ainsi pourquoi établir pour ainsi dire un abime entre la race aryenne et la race sémitique. Il n'y a entre elles aucunes différences physiques très-tranchées, comme celles qui distinguent de ces deux races les Nègres ou les hommes la race jaune.

lateurs du Rig Veda ont vécu entre le XIIe et le XVe siècle avant J.-C. Rien ne prouve qu'ils soient plus anciens que le *Pentateuque* des Hébreux.

Il y a d'ailleurs beaucoup de motifs pour croire que le Rig Veda n'est que la reproduction très altérée d'une Parole sacrée beaucoup plus ancienne.

Burnouf dit qu'on voit par beaucoup d'hymnes que les chantres de la période Vedique avaient été précédés par d'autres chantres plus antiques qui étaient les fondateurs de leur religion. Les Vedas signalent une époque primitive à laquelle ils rapportent l'origine (hors de l'Inde) de leur culte. Les Perses rapportaient aussi à la Bactriane ou à la Vallée de l'Oxus l'origine de leur race et de leur religion.

Les Vedas ont été composés non sur les bords du Gange, mais sur les bords de l'Indus.

Les Vedas sont donc d'une date postérieure à la séparation des deux branches de la race aryenne, ils sont probablement moins anciens que le Zend-Avesta ; mais ils ne sont l'un et l'autre que l'écho plus ou moins infidèle de la Révélation primitive qui eut lieu au berceau commun des aryens.

Il y a quatre Vedas, le *Rig-Veda* ou livre des hymnes, le *Yadjour-Veda*, le *Sama-Veda*, et le *Atharva-Veda*.

Le *Rig-Veda* est le plus important, les trois autres sont surtout un recueil de formules pour le culte, une sorte de liturgie.

Max Muller a publié le texte original du *Rig-Veda* et 700 Brahmanes ont déclaré ce texte plus correct qu'aucun de leurs manuscrits, mais ils ne s'en servent pas, parce que le sang des animaux entre dans la composition de l'encre.

Les hymnes Vediques se transmettaient oralement comme les chants sacrés chez les Druides ; ce qui explique l'altération du texte.

Les hindous regardent les Vedas comme révélés par Dieu lui-même, et ils ont de leurs livres sacrés la même idée que les chrétiens ont de la Bible.

Muller reconnait que les auteurs des hymnes vediques en parlent comme ayant été donnés par un Dieu.

Les hymnes Vediques ne sont pas tous de la même date ; à l'époque où on en forma un recueil, la distinction des castes n'existait pas encore, mais la religion était déjà dégénérée de la pureté primitive. La Polygamie commençait à être en usage, ainsi que les sacrifices sanglants.

§ II. — *De la religion vedique.*

Quelles notions avaient sur Dieu, sur la vie après la mort, sur le culte, les aryens qui furent les auteurs du Rig-Veda.

Il est évident qu'ils n'avaient plus qu'une obscure conception du Monotheisme qui avait été la religion de leurs ancêtres sur les bords de l'Oxus dans les temps primitifs.

Pour les aryens de l'Inde les noms, que l'on avait donnés aux divers attributs ou manifestations du Dieu unique étaient devenus autant de Dieux distincts, qu'ils appelèrent les *Devas*.

Mais dans les hymnes les plus anciens on voit sous le Polythéisme extérieur persister la notion de l'unité divine.

« Ce qui est un, dit le Rig-Veda, les sages le nomment de diverses manières ; ils l'appellent Agni, Soma. L'Esprit Divin qui circule au ciel, on l'appelle Indra, Mithra, Varuna... »

« Nous voyons, dit Max Muller, percer çà et là dans le Rig-Veda le sentiment intime que tous les Dieux ne sont que des noms différents d'un seul et même Dieu. »

A l'appui de cette assertion de Max Muller, on peut citer *Section* VIII, *lecture* III, *hymne* XI. 3. 7.

« Celui qui est notre père unique a fait les autres Dieux. Vous connaissez celui qui a fait toutes ces choses, c'est le même qui est au-dedans de vous. »

« Dans le Rig-Veda, chaque Dieu, dit M. Soupé, est appelé tour à tour le plus grand, le plus puissant des Dieux, chacun d'eux est créateur, directeur, sauveur du monde, et rien n'est plus facile que de ramener l'une à l'autre ces personnifications qui ont les mêmes attributs. »

Cela est facile, ajouterons-nous, parce qu'il s'agit toujours d'un seul et même Dieu adoré sous des noms différents.

Lorsqu'un Européen reproche à un hindou instruit d'être Polythéiste, il cite des milliers de textes de ses livres sacrés, par exemple des Pouranas où est énoncée clairement l'idée d'un Dieu unique qui se manifeste comme créateur, conservateur, destructeur et qui suivant ses diverses manifestations prend des noms différents.

Dans un livre postérieur à l'ère Chrétienne, Kalidasa, se trouve l'invocation suivante ; honneur à toi, Divinité à triple forme... qui t'es divisée en trois personnes pour mieux manifester tes trois qualités principales, la puissance, l'intelligence, la bonté. Révélant ta grandeur sous trois aspects, tu es la cause unique...

Il est donc permis de croire que l'idée d'un Dieu unique loin d'être le résultat d'une lente élaboration de l'esprit humain fut révélée dans toute sa pureté aux très anciens hommes. Cette idée disparut avec le temps, engloutie sous les symboles dont on la surchargea et qui dégénérèrent en grossière idolâtrie.

Dans le Rig-Veda, la moitié des hymnes ou prières (*Rig* signifie prière) est adressée à Agni le Dieu du feu, ou à Indra le souverain de l'olympe indien. L'autre moitié est consacrée à diverses divinités, à Sourga, le soleil, à Adity, et même à Soma l'offrande personnifiée.

Le livre commence et finit par un hymne à Agni, qui était le plus grand des Dieux pour les hindous fidèles en cela au culte du feu, qui leur était commun avec les aryens de l'Iram.

Dans l'hymne, Section IV, lecture II, hymne IX, verset III, Agni semble embrasser tous les Dieux. « Agni, tu es le héraut, le pontife, tu es pour les hommes pieux le généreux Indra, tu es Vichnou, tu es le royal Varuna, tu es Mithra... Les prières sont tes épouses, » ailleurs. « O Agni, quand tu t'allumes, tu es Mitra, tu es Roudra. » Un autre hymne permet de rapprocher Agni du Dieu Egyptien Horus. « Je chante un hymne nouveau en l'honneur d'Agni, l'épervier céleste. »

Beaucoup d'hymnes à Agni n'étaient point évidemment adressées au feu matériel, du moins dans la pensée du sage qui avait fait l'hymne. Ainsi : « Agni, tu es un père, à toi nous devons la vie. Agni si nous avons péché, si nous avons marché loin de toi, pardonne-nous. » I. II. XII. 16.

Parmi les Dieux du Panthéon Vedique, le plus grand fut Agni, dit Burnouf. Ce fut Indra, dit Lenormand. Le plus souvent, lorsque les hindous adoraient Agni, Indra Suria, etc, ils s'adressaient à chacun d'eux, comme étant le Dieu suprême.

Quant à Indra, « ce Dieu qui est né le premier, » II. VI. IV. 1. Son nom In-dra, et le titre qu'on lui donne : Bélier céleste, semblent l'assimiler au Dieu égyptien Amoun-ra, tantôt monté sur un char d'or traîné par des coursiers jaunes, il rappelle Apollon ; vainqueur des ténèbres, il est appelé Jayat ou le victorieux. Tantôt c'est un Dieu qui lance la foudre, analogue à Zeus. On peut aussi le comparer à Osiris, car l'adorateur lui dit. « Indra, allonge vers nous le croc divin auquel sont attachés les biens que tu présentes à ton serviteur pour prix de ses libations. » VI. I. VI. 10.

Indra en sanscrit est le nom de la lune. Ce fait pourrait nous autoriser à faire correspondre Indra au vrai, et Agni au bien. De la même racine *Ind* vient en sanscrit le mot régner. La royauté, la puissance de combattre le mal n'appartient-elle pas à la vérité.

Indra dans les hymnes est représenté comme un Dieu qui combat. « Je veux chanter, dit un hymne, les exploits du foudroyant Indra, il a frappé de sa foudre Vitra, (le serpent) qui avait provoqué le Dieu fort et qui tomba déchiré en morceaux. »

« C'est ta puissance Indra, qui donne à la terre les ordres du ciel ; Dieu armé de la foudre, tu déchires avec ton arme les flancs de Vitra » (le nuage noir de l'orage.)

Ce sont ces passages qui ont permis aux mythologues de dire qu'Indra représentait l'action de la foudre sur les nuages qu'elle crève, « Indra est-il dit, IV. VII. II. 5. tu as brisé l'enveloppe du nuage, tu as ouvert la porte aux ondes. » Ces ondes qui étaient captives sont les vaches qu'Indra retire de la caverne, comme Hercule délivre les bœufs renfermés par Cacus dans les flancs d'une montagne.

Sans nier qu'extérieurement pour ainsi dire ce mythe

n'ait réprésenté un phénomène athmosphérique, nous pensons qu'il est aussi permis d'y voir un symbole de la victoire de l'énergie divine agissant par le vrai, pour subjuguer les faux et les maux et délivrer les vérités captives.

Les hymnes attribuent l'honneur de cette victoire aux deux Dieux. « O Indra, ô Agni, venez ensemble, buvez du soma, ensemble vous avez tué Vitra. »

Le soleil reçoit différents noms dans les hymnes vediques, Suria est le soleil resplendissant, Savitry le soleil créateur, Vichnou le soleil dans toute sa puissance à midi; Vichnou de *Vich*, pénétrer,exprime la force pénétrante des rayons.

Il y a encore dans les Indes des gens de race inférieure qui adorent le soleil sous le nom de Cando. Quand on leur dit qu'il est absurde d'adorer un être matériel. « Oh, disent-ils, ce n'est pas le Cando visible que nous adorons, mais le Cando invisible.

Ainsi pensaient les fondateurs du culte vedique, lorsqu'ils disaient au soleil levant. IV. 54. 3. « Si nous avons péché par faiblesse, par orgueil, rends-nous innocents, ô Savitar. » V. I. I. IV. 13. « Viens vers nous avec l'amour du pasteur qui retrouve sa brebis perdue. »

Le nom de Kama, l'amour, est appliqué dans les Vedas au soleil levant, qui représente l'amour divin. L'aurore est personnifiée dans le Rig-Veda sous le nom d'Ushas, d'où vient le grec Eos, ou Eros, nom primitif du soleil levant.

Les aryens primitifs, s'adressaient à la Divinité lorsqu'ils se prosternaient devant le soleil en lui disant : *Rig-Veda* I. VIII III. 6. « Divins rayons du soleil levant, délivrez-moi de toute faute honteuse. »

« C'est une opinion vulgaire, dit Emile Burnouf, que

le grand Dieu de l'Inde et de la Perse était le soleil. Cette opinion est fausse, on n'adorait pas un objet matériel. » On le voit par le passage de l'Yadjour blanc où il est dit: « O Brahma, je t'adore sous la forme du brillant soleil, entends mes vœux. »

Nous ne nous occuperons pas des autres divinités implorées dans les Vedas ; elles se confondent les unes avec les autres, et il est difficile de distinguer l'idée primitive du mythe sous ses altérations successives.

Beaucoup de détails indiquent que le Veda ne remonte pas au temps primitif, on y parle d'armes en fer. Mais ils contiennent certainement des fragments de la révélation primitive, comme on le voit dans le Rig-Veda, IV. 121, où la création est décrite comme dans la Genèse.

Les indiens n'ont jamais eu de Chronologie ; aussi il est impossible de fixer la date de leurs livres sacrés. Les Vedas sont les plus anciens.

Le livre le plus ancien après les Vedas, *les lois de Manou* leur est postérieur de plusieurs siècles. A l'époque où furent faits les hymnes Vediques, il n'y avait point de hiérarchie sacerdotale. Mais dans les temps où furent faites les lois de Manou, la théocratie et le régime des castes étaient établis.

Les grandes épopées, les pouranas ou recueils de légendes mythologiques cosmogoniques, sont de date beaucoup plus récente.

Max Muller distingue dans l'histoire des hindous trois périodes. 1° Celle où eut lieu cette lutte entre les diverses classes qui aboutit à l'abaissement des Schatryas ou guerriers, et à la domination des Brahmanes. 2° La période où les envahisseurs du Nord livrèrent contre les indigènes du Midi les combats décrits dans le Ramayana.

3° Celle où les tributs victorieuses luttèrent entre elles, ce qui est l'objet du Mahabarata.

Le Mahabarata a des parties d'une haute antiquité, d'autres qui sont postérieures de plusieurs siècles à l'avénement du Christ. Les Brahmanes pour résister aux Boudhistes ont fait de nombreux emprunts au Christianisme, comme on le voit par la légende de Chrishna. Le récit de sa naissance est emprunté textuellement aux évangiles.

Ce poème interminable est d'une lecture des plus fastidieuses, mais il renferme des épisodes de la plus grande beauté.

Les combats des Dieux, comme celui d'Indra contre le serpent Vitra, et des héros contre les Raskasas, les Dasyous ou démons qui troublent les sacrifices, symbolisent la lutte éternelle du bien et du mal.

Ces héros comme Hercule, Thésée, comme les chevaliers du cycle d'Artus, combattent des monstres, des serpents, emblèmes en tout pays de la perversité, délivrent des vierges. Les malheurs de ces héros accroissent l'intérêt qu'ils inspirent.

Le Ramayana est plus conforme au goût moderne ; le héros Rama est une incarnation du Dieu Vichnou qui sous cette forme combat et subjugue les Raskasas, monstres impies et Ravana leur chef roi de l'île de Lanka. (Ceylan.)

Rien de plus suave, de plus pur que le récit des amours de Rama et de la belle Sita, type du mariage monogame opposé à la polygamie, représentée par le roi père de Rama qui a 350 femmes.

Ravana, semblable aux géants Bibliques, aux cyclopes d'Homère, enlève l'épouse de Rama, et c'est pour délivrer une beauté captive comme dans la fable, qu'ont lieu les luttes gigantesques décrites dans le Ramayana. Dans la pensée primitive ces combats sont certainement des symboles de la lutte du bien et du mal, comme le mythe d'Hercule tuant Cacus, de Persée délivrant Andromède etc. Mais ces récits merveilleux comme ceux d'Homère, sont aussi des souvenirs historiques des guerres des aryens contre les indigènes de l'Inde.

La belle Sita, délivrée après avoir souffert mille tourments pour rester fidèle à son mari, reçoit le plus froid accueil de Rama qui la croit souillée. Pour être purifiée des suites de son séjour chez les immondes Raskasas, elle doit monter sur un bûcher et ne renouera qu'au ciel ses amours avec le héros divin. Ce mythe de Sita, comme celui d'Hercule expirant au milieu des flammes, signifie que la souffrance est le lot de la vertu presque toujours méconnue. Ce sont les souffrances morales symbolisées par les souffrances physiques, qui transforment et régénèrent l'humanité, tel est aussi le sens de ce récit du Ramayana, où l'on jette un homme vieux, difforme, au milieu des flammes, d'où il sort beau et glorieusement transformé.

§ III. — *Des rites et cérémonies de la Religion Vedique.*

Le Rig-Veda est surtout intéressant par les renseignements qu'il fournit sur le culte des aryens de l'Inde et sur la religion de l'Asie centrale d'où ils venaient.

« Il ne reste qu'un petit nombre de points obscurs, dit Burnouf, sur le lieu, l'heure du sacrifice, sur la nature de l'offrande sur l'autel, etc. » Dans un lieu découvert, sur une hauteur naturelle ou artificielle, d'où l'on pouvait bien voir le lever et le coucher du soleil de la lune et des étoiles, on circonscrivait une enceinte sacrée entourée d'un cercle de pierres ou de palissades de bois, auxquelles on suspendait des fleurs, des bandelettes.

Au milieu de cette enceinte se dressait comme autel un tertre en gazon de forme carrée, dont les quatre faces étaient orientées vers les quatre points cardinaux. La partie supérieure de cet autel, qui plus tard fut en pierre, était plane, et était appelée le trône d'Agni ou le foyer d'Ila.

Le culte se célébrait le matin, à midi et le soir. Ce sont là les trois *Savanas* si célèbres dans l'Inde aryennne, que l'on retrouve dans le Zend-Avesta sous le nom identique de Havanas. Le sacrifice du matin, le plus important, commençait à l'aube, quand les étoiles disparaissent et se terminait quand le soleil était tout entier sur l'horizon. On se tournait vers l'orient le matin pour le culte, et aux autres heures du jour on se plaçait de manière à avoir le soleil en face de soi.

Dans les temps primitifs, il n'y avait pas d'autre prêtre que le père de famille, qui allumait le feu sacré sur le tertre de terre et faisait l'oblation des gâteaux et du laitage. La famille ou la tribu était réunie autour de son chef. Le lieu du culte était toujours en plein air sur un lieu élevé ou dans un endroit découvert.

Le feu sacré s'allumait au moyen de deux morceaux de bois sec qui s'échauffaient par le frottement, opération qui s'appelait l'*Arami*, on versait sur le foyer le *havis* ou beurre clarifié pour activer la flamme.

Les offrandes placées sur le gazon sacré consistaient surtout en gâteaux et rayons de miel. L'offrande liquide était du lait mélangé plus tard avec le soma.

La liqueur dite soma se fabriquait avec *l'asclepiade acide*, plante cueillie par les femmes à la lueur de la lune appelée aussi *Soma*. Les prêtres broyaient dans un mortier les sommités laiteuses, desquelles on exprimait une liqueur fermentée d'une odeur agréable, qui versée sur le feu pétillait et s'enflammait. Cette boisson, avec laquelle on mélangeait souvent de l'orge grillée, était enivrante comme l'absinthe ; elle se préparait pour quinze jours. Le soma est qualifié la liqueur des guerriers. Plus tard on lui substitua pour le sacrifice l'hydromel et le vin, mais il est probable que dans les temps les plus anciens, on n'employait pour le sacrifice que le beurre et le lait.

Plus tard, quand le culte fut confié aux prêtres, au lever du jour, quand disparaissait une certaine étoile variant suivant les saisons, sept prêtres se rendaient dans l'enceinte sacrée, s'asseyaient, allumaient le feu et préparaient le soma.

Au moment où s'élançait la flamme du feu sacré, on entonnait des hymnes tels que ceux que nous a transmis le Rig-Veda. « O Agni, viens orner notre foyer. » « Terrible Indra, bois ce soma enivrant auquel a été mêlé le lait de la vache. »

« O Agni, nous te plaçons sur le sein d'Ila, sur le trône de terre, que les rites sacrés nous apportent le bonheur.

Comme une troupe d'oiseaux nous sommes assis près de ce miel délicieux, enivrant, mêlé au lait de la vache.

O Dieux, les deux époux qui s'entendent pour vous présenter sans cesse des offrandes et libations, passent une vie heureuse... »

Au moment où l'on présentait l'offrande au milieu de l'enceinte sacrée ornée par la main des femmes, on poussait des exclamations.

La vue de nos belles Eglises porte l'âme à la prière ; mais l'émotion religieuse devait être vive aussi, lorsque l'Arya des temps primitifs entouré de sa famille, debout sur un sommet élevé, allumait le feu sacré, et élevait vers la voûte céleste les hymnes des ancêtres. Devant le magnifique spectacle qui se déploie devant la vue du sommet d'une montagne, beaucoup d'hommes sont portés irrésistiblement à élever leur âme vers le créateur.

Le spectacle de la nature enthousiasmait aussi l'Arya primitif, comme on le voit dans ses hymnes.

Bagavat-Gita... tu es le Dieu suprême, l'esprit éternel et céleste, prince des vivants, Dieu des Dieux... tu brilles comme le soleil et le feu dans ton immensité... Prends plaisir à nos chants, aime notre prière comme l'époux aime son épouse. »

Rig-Veda. « Étendez les gazons sacrés, qu'ils soient arrosés de beurre... Qu'elles s'ouvrent les portes de l'enceinte sacrée pour la pieuse cérémonie.

Agni, (le feu sacré) sur la montagne où dans l'intérieur de nos foyers, est comme un homme bienfaisant parmi le peuple, il est la joie de nos foyers.

L'homme qui allume le feu sacré, perdra ceux qui veulent le perdre ; il verra ses fils lui donner des petits fils.

Telle que le coursier, la flamme brillante s'élance du foyer resplendissante comme l'or, que nos fautes soient effacées.

Agni détruit le mal, oui, comme la hache, il détruit le mal ; par le moyen du feu sacré, je veux purifier le ciel et la terre. »

Il nous est impossible de croire que de semblables prières furent adressées au soleil matériel, au feu lui-même. Et les aryens de l'Inde primitive pouvaient dire comme les Parsis: Ce n'est pas le feu que nous adorons, mais pour nous cette flamme vivante et pure qui nous réchauffe est la plus pure image de la Divinité et vaut mieux que les statues des idolâtres.

Le Rig-Veda nous donne les détails les plus précis sur les formes de ce culte primitif des aryens.

« Nos ancêtres, enfants de Manou, sont aussi venus s'asseoir autour d'un semblable foyer. Ces hommes pieux pleins du désir de posséder les vaches célestes (les affections du bien et du vrai) ont par leurs paroles ouvert les montagnes qui les retenaient captives.

Agni, éloigne de nous l'ignorance, le péché et la folie. III. V. VII. 5. »

Comment de semblables prières auraient-elles pu être adressées au feu matériel dans la pensée de l'adorateur.

Ce rite primitif, le feu allumé pour rendre hommage à la Divinité, pénétra tellement dans le cœur et l'esprit des peuples de race aryenne, qu'ils ont transporté ce rite dans toutes les parties du monde où ils se sont dispersés, et qu'aujourd'hui leurs descendants, dans l'univers entier, à quelque religion qu'ils appartiennent allument encore des feux en plein air, aux jours et aux heures où s'allumaient les feux sacrés pour le culte il y a quatre ou cinq mille ans.

Ce rite fut commun à presque tous les peuples anciens, tel fut le culte de Vesta ou de Hestia chez les peuples de race Pélasgique.

La puissance et la persistance de ce rite provient évidemment de son caractère symbolique.

Swedenborg dans *V. R. Chr.* 35. dit que l'amour dans son essence est le feu spirituel, c'est pour cela que le feu signifie l'amour... « Le feu de l'autel et le feu du chandelier chez les Israélites ne représentaient pas autre chose que le divin amour. »

Mais le feu sacré ne représentait pas seulement l'amour de Dieu pour les hommes, il représentait aussi l'amour de l'homme pour le Seigneur, comme on le voit par les prières où l'on demande que les cœurs soient remplis du feu céleste par lequel on entend l'amour céleste ou l'amour pour les choses célestes.

Tous les autres rites du culte primitif des aryens étaient aussi symboliques. Si le feu représentait l'amour du bien, les libations représentaient les vérités ou l'affection du vrai qui doit accompagner l'amour du bien dans le culte[1].

« Le feu, dit Rig-Veda, a été invoqué par tous les hommes au moyen des libations et des offrandes. »

« Les vastes feux d'Agni sont allumés, ses rayons brillent sur le sein d'adity, la terre. » Les aryens honoraient la terre en arrosant le gazon de libations sacrées. Comme dans beaucoup de lieux, on substitua à l'autel de gazon une large pierre, il y avait sur cette pierre des rigoles pour que le beurre ou le soma coulât sur la terre.

Il est question de ces autels en pierre dans le Rig-Veda lect. II, hymne IX. « Dans cet endroit où s'élève une pierre à la base profonde, pour recevoir les libations, indra, viens boire le jus préparé dans le mortier. » Dans cette pierre étaient creusés deux bassins ou *écuelles* destinés au soma ou au beurre liquide qui par une rigole, pénétraient dans la terre.

Les sacrifices étaient précédés ou suivis d'ablutions qui symbolisaient la purification de l'âme.

[1] Les trois emblèmes de la trinité ou trimourti hindoue étaient le feu, l'eau et la terre qui correspondaient à l'amour divin, à la sagesse et à la puissance divines ; et c'est parce qu'ils représentaient les attributs divins que les trois éléments étaient honorés dans le sacrifice.

« Arrivez au sacrifice, ô vous, dont les œuvres sont pures et justes. Eaux salutaires, protégez mon corps contre les maladies, emportez tout ce qui est criminel en moi, tout le mal que j'ai pu faire par violence ou libertinage.

Eaux purifiantes, emportez tout ce qui peut se trouver en moi de criminel, tout le mal que j'ai pu faire par violence ou injustice. »

Il est évident que dans la pensée de ceux qui composèrent ces hymnes, les ablutions extérieures représentaient la purification intérieure de l'âme par la connaissance des vérités saintes et par une vie conforme à ces vrais ; mais quand la religion eut dégénéré, les hindous crurent à la puissance du rite en lui-même, indépendamment des dispositions intérieures ou morales qu'il représentait !

Les hindous sont restés fidèles sur ce point, aux rites de leurs ancêtres et vont toujours pour méditer et se purifier près des lacs sacrés, vers les confluents des rivières et sur le rivage des fleuves vénérés comme le Gange.

Plongés dans l'onde jusqu'à mi-corps, hommes et femmes remplissent les rites qui purifient l'âme et le corps ; tous ont la face tournée vers l'orient et lorsque le soleil se lève, ils prennent dans le creux de la main de l'eau en priant à voix basse, puis jettent cette eau vers l'orient et vers les quatre points cardinaux comme des libations.

Les mêmes cérémonies se célèbrent dans la mer ou dans les lacs sacrés où l'on voit à la fois s'élancer à la nage, des milliers de jeunes gens et de jeunes filles couvertes d'une simple gaze.

Les offrandes ou sacrifices faisaient aussi une partie essentielle du culte primitif des aryens.

« Les Angiras auteurs des rites religieux ont allumé le feu sacré et introduit les offrandes. »

On offrait du miel et du lait caillé, des gâteaux et des grains d'orge grillés, des fruits, des fleurs, et tous ceux qui assistaient au sacrifice, mangeaient ensemble les gâteaux sacrés et buvaient le soma mêlé avec du lait ; c'était une sorte de communion.

Les assiettes et les calices étaient en bois, on en voit la forme sur les bas reliefs assyriens ; elle se retrouve dans les Patères dont se servaient les Grecs et les Romains.

De nos jours l'observation de la plupart de ces rites antiques est encore la grande préoccupation des hindous qui saluent toujours le soleil levant par des hymnes ou prières. Le feu du sacrifice est encore allumé trois fois par jour, mais la cérémonie du matin est considérée comme la plus utile. « *Rig-Veda*. C'est avant tout pour chanter l'hymne que les hommes se réunissent par familles autour du foyer... L'adoration soutient la terre et le ciel. »

Le Brahmane observe tous les rites prescrits par le Rig-Veda : « Par ses libations l'homme assure le salut de sa maison. En répandant le lait sur le sacrifice vous rendez vos villes inexpugnables » Le Brahmane invoque Brahma matin et soir en jetant de l'eau du creux de la main trois fois sur la terre et trois fois vers le soleil, à midi il offre une fleur, etc [1].

[1] N'oublions pas que le *Rig-Veda* a été composé par les hindous dans la vallée de l'indus à une époque où les aryens avaient déjà perdu en partie la connaissance du sens des rites de la religion révélée à leurs ancêtres sur les bords de l'Oxus.

C'est ainsi qu'ils avaient déjà transformé l'hommage rendu aux trois attributs ou qualités du dieu unique en un hommage à trois divinités distinctes.

Les sacrifices sanglants, comme celui du cheval dont il est question dans le Rig-Veda, sont décrits dans les hymnes d'une date moins ancienne. Section II. III. hymne V.

§ IV. — *De la vie après la mort, d'après les Vedas.*

Les aryens de l'Inde croyaient à l'immortalité de l'âme, à la persistance de leur personnalité sous forme humaine après la mort. Dans les Vedas ils prient les Dieux de leur faire revoir leur père et leur mère.

Dans le Rig-Veda, VII. V.I XI. 4. on lit : « O Agni, il est une partie immortelle en nous, embrase-la de tes feux. Ce corps bienheureux formé par toi, transporte-le au séjour des hommes pieux. » Cette demeure éternelle est le *Paradesa*, d'où est venu notre mot *Paradis*.

Dans VII. IV. XIII. 7. Il est dit : « O bienveillant Soma, dans ces lieux où siége la lumière éternelle, la félicité suprême, dans ces lieux d'immortelle durée, place-moi, ô Dieu pur...

9. Dans ces lieux où s'ouvre la triple demeure, le triple ciel du Dieu lumineux.

10. Dans ces lieux où les désirs sont satisfaits, donne-moi l'immortalité. »

Dans un autre chant funéraire, le poète dit au défunt : « Pars, va par ces antiques chemins qu'ont suivis nos pères, rends-toi auprès de nos pères, et là, prends un corps éclatant de lumière. »

On voit dans le *Rig-Veda* que dans les sacrifices solennels on allumait trois feux, on présentait trois vases.

« Portes divines de l'enceinte sacrée, ouvrez-vous pour laisser passer les dieux. Que les trois déesses Ila, Saravasti, Mahi viennent s'asseoir sur notre gazon, et reçoivent les offrandes des enfants de Manou assis sur un pur gazon. » III. VIII. XIII, 5.

Les aryens de l'Inde croyaient qu'ils retrouveraient dans le *Paradesa* une existence semblable à leur vie terrestre. Dans le dernier livre du Mahabarata le héros délivré de son enveloppe grossière revet un corps éthéré, exempt de vices[1].

D'après Strabon, les indiens ne voyaient dans la vie terrestre, qu'une préparation à une vie meilleure ; c'est pour cela que la pensée de la mort ne leur inspirait pas de tristesse. On voit dans le Ramayana, qu'ils croyaient qu'après la mort, le Soudra ou l'homme de condition vile pouvait devenir grand et noble.

Dans le Mahabarata, il y a une description du monde surnaturel, qui soutient la comparaison avec le VIe livre de l'Enéide et le XIe de l'Odyssée.

Devant le héros libre de ses liens terrestres passent des centaines de rois équitables, les vrais sages, les victimes de la guerre. Il aperçoit les Pénitents dans un séjour délicieux semé de fleurs, il voit la forêt Mandana où se déroulent les chœurs des nymphes.

Le héros pénètre aussi dans les lieux où sont les âmes qui souffrent et qui lui disent ; arrête-toi pour adoucir nos peines, autour de toi voltige un zéphyr délicieux, c'est le parfum de ton âme pieuse, il nous rend le calme. Reste ici, car en ta présence nous cessons de souffrir.

Le héros ne veut plus les quitter, jusqu'à ce qu'il puisse monter avec eux dans les demeures célestes.

La religion des Vedas n'était point une adoration des forces naturelles, quoi qu'on dise ; autrement comment comprendre ces hymnes où l'on demande pardon des péchés commis : « Je suis sans doute coupable, mais

[1] Les Pitrys, les Angiras, et autres génies célestes sont pour les aryens les âmes des héros, des hommes vertueux.

vous m'aimez comme le père aime le fils qu'il a perdu. »

La théorie de la transmigration des âmes, ne se trouve point dans les Vedas, Barthelémy-saint-Hilaire le reconnait. Ce dogme a été inventé par les Brahmanes et est encore plus cher aux Boudhistes qu'aux Brahmanes, qui ne l'adoptèrent ainsi que la crémation des corps, que longtemps après que les aryens eurent quitté la vallée de l'Indus pour pénétrer dans celle du Gange.

Les hommes primitifs disaient dans leur langage par figures qu'un homme qui s'abandonnait à ses penchants mauvais, devenait semblable aux bêtes. C'est ainsi que dans le Mahabarata, un prince est changé en bête à cause de son orgueil. Les aryens dégénérés, prirent ces expressions figurées au pied de la lettre. De même le dogme Hindou, qui attribue la condition malheureuse d'un homme à un crime commis dans une existence antérieure, est une dégénérescence de cette doctrine antique, d'après laquelle les fautes des pères sont punies sur leurs enfants.

D'après la religion Vedique, une vie active et pure sur la terre est le moyen pour arriver à une vie véritable dans le monde spirituel. Creuzer lui-même reconnait qu'un de leurs livres très-rapproché du temps des Vedas, le *Mimaura*, prêchait surtout la vie active, au lieu de la vie contemplative qui fut mise en honneur par les Brahmanes. Ils placèrent la sainteté dans des pratiques ascétiques, dans le renoncement à toute activité utile et personnelle, ils corrompirent ainsi le principe d'après lequel on doit se détacher de soi-même et du monde pour servir Dieu et le prochain.

§ V. — *De la morale dans la religion Védique.*

La société qui depuis trois mille ans a pour fondement le Rig-Veda, comme les chrétiens ont la Bible, doit sa durée exceptionnelle à la manière dont la famille a été constituée chez les aryens de l'Inde. Cette constitution reposait sur la monogamie ; le divorce n'était admis que si la femme n'avait pas d'enfants.

Le mariage reposait sur le libre choix des époux, au moins dans les temps primitifs. Dans l'enceinte où sont réunis ses prétendants, la jeune fille choisit son époux en mettant une guirlande de fleurs sur les épaules de celui qu'elle a choisi.

La liberté dont jouissait la femme a disparu depuis l'invasion des mahométans qui introduisirent définitivement la Polygamie qui n'était qu'une exception. La Polyandrie est également de date récente.

La constitution de la famille aryenne fut ainsi profondément altérée ; mais l'institution persista dans sa pureté primitive pendant plus de deux mille ans, ou du moins ce fut l'idéal dont cherchèrent à se rapprocher tous ceux restés fidèles à la religion du Rig-Veda.

Dans les grands poèmes hindous, où respire l'esprit des Vedas, l'idéal qui est constamment présenté à l'admiration des aryens est l'union d'un héros avec une héroïne. Les plus belles créations des poètes hindous ont le plus souvent pour but l'exaltation de la fidélité conjugale.

Dans le Ramayana, Rama, qui est un Dieu incarné pour remettre l'ordre sur la terre, n'a comme tous les autres héros de ces poèmes, qu'une seule femme, par opposition à son père terrestre, type de la société corrompue, qui a 350 femmes.

Sita, l'épouse de Rama, prêche la clémence, la mansuétude même envers les ennemis. L'amour est, dans le Ramayana, décrit avec les couleurs les plus vives, mais a constamment un caractère honnête, élevé ; il en est de même dans les autres poèmes et même dans les pièces de théâtre qui sont d'une date très-rapprochée de l'ère chrétienne. Le théâtre hindou n'exalte pas l'amour adultère, et aux Indes comme au Japon, les auteurs dramatiques n'oseraient pas toucher à la sainteté du lien conjugal.

La monogamie a fait la force de la société hindoue, qui rendait aussi aux ancêtres ou Pitris des hommages semblables à ceux que les Romains rendaient aux manes.

« Le vivant qui n'offre pas un sacrifice aux morts, dit le Rig-Veda, est un parricide. »

CHAPITRE II

Du Brahmanisme.

La religion des hindous, fondée sur les Vedas, dégénéra après un certain nombre de siècles, et devint le Brahmanisme, religion ou prédomine l'élément sacerdotal appelé la caste des Brahmanes (de Brama, prier.)

Le Brahmanisme ne triompha que longtemps après l'époque où furent composés les Vedas. Son code social, les *lois de manou*, n'a pas de date précise. Ce livre probablement ne remonte pas très-haut et se rapproche plus près de l'ère chrétienne que de l'époque des Vedas.

Dans les temps primitifs, il n'y avait pas de castes chez les aryens de l'Inde, et chaque père de famille offrait le sacrifice. *Les lois de manou* établissent quatre castes. D'après ce livre, Brahma le Dieu suprême a produit de sa bouche le Brahmane qui doit enseigner les Vedas et accomplir les sacrifices ; de son bras, il a produit le Chatrya ou guerrier, de sa cuisse l'agriculteur, le commerçant et de son pied le coudra ou Paria qui doit servir les trois autres classes. La démarcation profonde qui sépare cette dernière classe des 3 autres est encore plus accentuée par la différence de la couleur de la peau.

Le coudra est une sorte d'animal domestique auquel, rien n'appartient en propre. Les Brahmanes craignant les soulèvements des Parias, s'unirent à la caste militaire qu'ils finirent cependant par dominer.

Le résultat de cette organisation religieuse et sociale, rendit l'Inde une proie facile pour tout conquérant.

Il en fut de même en Égypte, où le régime des castes est de date relativement récente et postérieure au premier Empire, le moment le plus brillant de la civilisation Égyptienne.

§ Ier. — *De la théologie du Brahmanisme.*

Rien n'est plus obscur ni plus compliqué que cette théologie ; on a cru tout simplifier en soutenant qu'elle était le résultat d'une fusion entre divers systèmes religieux. Les adorateurs de Brahma, ayant subjugué les adorateurs de Syva, auraient adopté le dieu des vaincus et formé ainsi avec leurs propres divinités, la trinité hindoue : Brahma, Vichnou, Syva, dont il n'est pas dit un mot dans le Rig-Veda.

Cette explication n'est pas suffisamment motivée ; il n'y a pas une trinité unique dans le Brahmanisme, il y en a plusieurs, et les divinités féminines sont très-nombreuses.

Sans avoir la prétention de donner un fil conducteur qui puisse diriger le lecteur dans ce labyrinthe théologique, nous nous contenterons de présenter quelques notions sur les principales divinités du Brahmanisme.

Il y a dans ces mythes un fonds de vérités qui remonte aux temps primitifs. Le Rig-Veda n'est qu'une sorte de liturgie, et en dehors de ces hymnes ou prières, les hindous ont dû se transmettre oralement de génération en génération une doctrine secrète, écho du monothéisme primitif. Brahma, Vichnou, Syva doivent être considérés comme les trois énergies ou manifestations de l'être suprême Brahm. Celui que les Vedas appellent l'éternel, l'être par excellence, Brahm, se révélant comme créateur est appelé Brahma ; considéré comme conservateur et sauveur il s'appelle Vichnou, et comme rénovateur ou destructeur Syva.

« La trimourti, dit Creuzer, n'est donc qu'une triple révélation de Brahm, l'unité absolue, s'émanant successivement sous trois aspects divers, » trimourti signifie 3 formes.

Les trois couleurs de la trinité indienne sont le rouge, le bleu couleur de Vichnou, le blanc.

Brahma est représenté ordinairement assis sur un lotus avec quatre têtes qui correspondent aux quatre régions du monde, et porté sur un cygne.

La trinité hindoue est aussi représentée sous la forme d'un corps à trois têtes, Brahma a la chaîne des êtres à la main, la figure de Vichnou est jeune, aimable et celle de Syva a une expression de fierté barbare.

Chacun de ces trois dieux se dédouble pour former une divinité féminine.

Brahm au-dessus de tous les êtres repose en lui-même avec Maya ou Saravasti son épouse, qui enfante la mer de lait et Cama l'amour.

Vichnou a pour épouse Lackmi et Syva Bavani ou Parvarti. Les trois divinités mâles rentrent les unes dans les autres et échangent leurs attributs et leurs noms. Il en est de même des divinités féminines.

C'est Maya ou Saravasti qu'on adore dans l'Inde comme la mère universelle. Creuzer voit en elle la nature divinisée. Il est permis aussi de reconnaître en elle une personnification de la sagesse divine, productrice de tous les êtres. Brahm personnifierait l'amour divin.

Le grand ouvrage de Creuzer *sur les Religions antiques* renferme beaucoup de figures qui caractérisent bien les diverses idées que les hindous se sont faites de la Divinité.

L'une de ces figures représente Brahm et Maya, première révélation de l'être éternel sous la forme de l'andro-gyne. La chaîne des êtres est figurée par un collier de perles suspendu à la main et aux pieds de Brahm. Dans une autre figure, le principe masculin et le principe féminin montrent leurs têtes au-dessus du voile qui dérobe aux regards leur union mystique Brahm ; a pour tête le soleil, on aperçoit au-dessous le fruit de cette union, l'œuf du monde entouré du serpent.

Ailleurs, on voit Maya avec l'amour Cama sur son sein, ou faisant couler de son sein en deux ruisseaux la mer de lait, principe de toutes choses.

Vichnou est porté sur un aigle, et Cyva ou Syva est porté sur un taureau.

Vichnou est de toutes les divinités hindoues celle qui présente le plus d'intérêt pour un chrétien, à cause des analogies qu'il présente avec le Christ. C'est un Dieu homme, qui pour se rapprocher de l'humanité, pour lui être utile, s'incarne sous diverses formes.

Pour expliquer ses incarnations ou avatars, *les Pouranas* font tenir à l'être suprême le langage suivant : « Présent dans chaque chose, quoique distinct de chaque chose, je n'ai point de corps, mais j'ai choisi Vichnou pour me rendre visible... qui l'adore m'adore.

Dans les Pouranas, Vichnou, dans sa plus brillante incarnation dit : Bien que dans ma nature je ne sois point sujet à naître, à mourir, autant de fois que dans le monde la vertu s'affaiblit, autant de fois je me suis fait voir pour punir les méchants et sauver les justes. »

Ce mythe de Vichnou et de ses incarnations successives, se rattache à la cosmogonie des hindous, que nous exposerons en quelques mots d'après Creuzer.

Celui qui subsiste par lui-même, voulant tirer toutes choses de sa propre substance créa d'abord les eaux, et y déposa un œuf d'or, d'où Brahma prit naissance.

Brahma créa d'abord trois mondes ou sphères. Pour peupler la dernière sphère ou la terre, Brahma tira de sa propre substance le premier homme, Manou, dont le nom rappelle le Menès Égyptien, et *Man*, nom de l'homme dans la langue germanique.

Dans les 7 manous qui se succèdent, on doit voir les personnifications des sociétés primitives, comme dans les dix patriarches de la Genèse, les dix rois de Sanchoniaton.

Voici dans quelles circonstances Vichnou s'incarne sur la terre. Les hindous disent que l'humanité a parcouru quatre âges ou périodes analogues aux quatre âges de la Grèce, l'âge d'or, d'argent, d'airain et de fer.

Dans le premier âge, où règne la justice, les hommes vivent heureux et longuement. Le mal augmente dans les âges suivants, dont chacun se termine par un déluge.

Le septième Menou régnait, lorsque les Vedas furent dérobés à Brahma par suite du mal croissant. Vichnou apparait alors.

Voilà la première incarnation de Vichnou. La seconde eut lieu sous la forme d'une tortue. A la suite d'une lutte terrible entre les bons et les mauvais génies, le mont Merou s'enfonce dans la mer, mais Vichnou sous la forme d'une tortue plonge et soutient sur son dos la montagne avec le monde entier.

Le serpent aux 7 têtes, Secha, vomit un poison terrible ; Vichnou pour en débarrasser le monde, avale ce poison, de là sa couleur bleue.

Vichnou pour sauver l'humanité, se soumet à la souffrance et revêt la forme d'êtres d'un degré inférieur, comme pour combattre le mal dans la sphère même où il règne.

C'est ce qui a lieu dans le 3e Avatar où Vichnou s'incarne en un sanglier ou verrat, pour tuer un géant qui désole la terre [1].

Vichnou, s'incarne une 4e fois sous la forme d'un lion, et une 5e fois sous la forme d'un nain, qui acquiert une prodigieuse grandeur, pour subjuguer le géant Bali.

Dans la 6e incarnation, Vichnou paraît sous la forme d'un brahmane armé d'une hache, pour châtier les rois de la race du soleil. Le dieu s'incarne chaque fois pour combattre des êtres malfaisants.

Vichnou prend une 7e fois naissance, au sein d'une mortelle, pour délivrer la terre des tyrans et faire fleurir la piété et l'agriculture. Il s'appelle Rama, et ses exploits pour délivrer la terre des géants impies sont racontés dans le Ramayana, ainsi que ses amours avec la belle Sita son unique épouse.

La 8e incarnation de Vichnou a lieu sous la forme d'un enfant céleste, allaité par *Dévaki* sa mère et re-

[1] Les Gaulois adoraient certainement la divinité sous la forme d'un sanglier, dont l'image grossièrement sculpté et porté en haut d'une lance, était l'étendard national. C'est une preuve de plus à ajouter pour prouver l'origine indo-Européenne de la race Celtique.

cevant des offrandes de fruits, comme le Christ à Bethléem.

Cet enfant s'appelle Chrichna, et les circonstances de cette incarnation présentent une étrange analogie avec celles de la vie du Christ. — Voir le *Baghavat geta*. On voit dans ce poème comment, pour délivrer la terre de la domination des mauvais esprits, Chrichna s'exile du ciel, et devient une sorte d'Apollon pasteur ; il meurt sur un bois où il est cloué par une flèche.

Le corps de l'homme Dieu est adoré à Jaggernau, comme celui d'Osiris l'était en Egypte.

On représente aussi Chrichna sous la forme d'un héros, armé d'une massue, couvert d'une peau de lion, et délivrant la terre des méchants et des monstres.

Les ressemblances si grandes qui existent entre la vie de Chrichna et la vie de Jésus ont donné lieu à de grandes discussions. Les ennemis du christianisme ont prétendu que ses fondateurs avaient emprunté à l'Inde les éléments de leur religion ; mais les érudits les plus autorisés sont d'accord aujourd'hui pour dire que les Brahmanes, pour combattre le Bouddhisme, ont fait de nombreux emprunts aux chrétiens, comme ils leur avaient emprunté l'usage de l'alphabet et même certains détails d'architecture. On voit à Matura un temple de Chrichna sous forme de croix latine.

Chrichna appartient historiquement à une race nomade de l'Inde ; il se rendit populaire, en luttant contre les Aryens conquérants. Les Brahmanes au IXe siècle, greffèrent sur cette tradition populaire leurs emprunts au christianisme. Le récit de la naissance de Chrichna est emprunté littéralement aux évangiles.

Ce mélange des traditions indiennes avec des récits

d'origine chrétienne était d'autant plus facile qu'il n'existe pas de chronologie dans la littérature sanscrite. Tous les savants sont d'accord sur ce point que les grands poèmes indiens ont été remaniés à diverses époques.

Grâce à leurs habiles concessions, les Brahmanes parvinrent à reconquérir sur les masses un ascendant que les prêtres Bouddhistes tombés dans la dépravation ne conservèrent que dans l'Indo-Chine. Les Brahmanes pour supplanter les Bouddhistes, leur empruntèrent leurs idoles, comme ils avaient emprunté aux livres chrétiens leurs récits.

Milman, dans son histoire du christianisme, dit que l'incarnation de la divinité, ou de quelque partie de la divine essence dans un corps humain, était une notion religieuse répandue dans tout l'orient.

D'après Swedenborg, *arcanes* 6846, le Dieu qui était adoré dans ces anciennes églises était le seigneur quant à sa divine humanité, et il était connu des anciens, ajoute-t-il, que c'était le seigneur qui était représenté dans chacun des rites de leur église. Et plusieurs d'entre eux savaient aussi que le seigneur viendrait dans le monde, etc.

Cette assertion de Swedenborg est confirmée par le récit de la venue des Mages d'orient à Bethléem, et par les traditions Égyptiennes et Hindoues sur les incarnations divines, qui ont été comme des pressentiments prophétiques de l'incarnation du Verbe.

Ces mythes de Vichnou, de Chrichna, de Horus, d'Hercule, dieux sauveurs nés d'une vierge, ont été comme autant de prophéties, nées de l'espérance dans le relèvement de l'humanité selon la promesse faite après la chute, comme on le voit par le récit de la Genèse, par le mythe de Pandore.

Le Messie, pour triompher du mal qui régnait sur la terre, meurt. De même les dieux sauveurs des mythes antiques meurent dans leur combat, par exemple Hercule. La Genèse prédit que le vainqueur du serpent sera blessé par lui au talon. La même idée se retrouve dans le mythe d'Achille, dans celui de Chrichna, dans celui de Siegfried des Niebelungen.

L'idée fondamentale de tous ces systèmes d'incarnations est celle-ci : Chaque fois que le mal triomphe sur la terre, il faut que l'être suprême s'incarne ou se rende visible afin de combattre les méchants et servir de médiateur entre le ciel et la terre.

Ces dieux sauveurs, Vichnou, Chrichna, Osiris sont représentés de couleur noire ou bleu foncé. — D'après les doctrines de Swedenborg, cela signifie que le Dieu revêt la forme naturelle propre à la sphère naturelle où sont les maux qu'il faut subjuguer.

Vichnou est représenté monté sur un aigle ou un épervier, on le voit aussi dans son palais ayant à ses côtés la belle Lackmi ou Sri qui tient quelquefois un enfant suspendu à sa mamelle. Elle porte l'épithète de *Ma* qui signifie mère. Son nom de Sri et ses attributs rappellent la Cérès des Grecs.

La 9e incarnation de Vichnou a été celle de Bouddha.

La 10e incarnation est encore à venir, à la fin de l'âge présent, Vichnou apparaîtra sur un coursier d'une blancheur éclatante, avec un glaive pour mettre fin aux crimes sur la terre.

Cette prédiction est évidemment un emprunt fait à l'apocalypse[1].

[1] *Du dieu Cyva. Voir Creuzer, religions antiques.*

Sur le mont Merou, séjourne le grand dieu populaire Cyva, qui a pour symbole le Lingam. Sur cette montagne avaient lieu

§ II. — *Du culte dans la religion Brahmanique. Des Symboles.*

Signalons les principaux symboles dont se sert ce culte étrange. Le bœuf et la vache sont l'objet de la vénération des Hindous.

Le bœuf ou le taureau représente le dieu Cyva comme le bœuf Apis en Egypte représentait Osiris. Le bœuf sacré de l'Inde s'appelle Apen Pascha qui rappelle le nom Égyptien Apis.

La vache est consacrée à Bhavani comme à Isis en Egypte, elle l'est aussi à Lakmi et à Maya. Tuer une vache entraînait la peine de mort, avant la conquête anglaise.

Le Phallus et l'ioni représentaient aussi les deux grands dieux de l'Inde et comme tels étaient et sont encore l'objet d'une grande vénération.

à la nouvelle lune, en l'honneur de Cyva, représenté sous la forme d'un Phallus, des fêtes, qui devinrent dans les derniers temps des orgies délirantes.

Près de ce dieu est la déesse Bhavani ou Parvati qui a pour symbole l'ioni ; elle porte en son sein les germes de toutes choses. Fille et épouse de Cyva (elle est née de la tête de son père) elle est à la fois bienfaisante et terrible. Montée sur un lion, elle terrasse le prince des mauvais esprits, qui a la forme d'un taureau sauvage. (Voir le sacrifice Mithriaque.)

Le culte de cette déesse adorée sous le nom de Cali est devenu abominable par ses cruautés comme celui de Cyva par ses obscénités.

Cyva apparaît comme un dieu destructeur vengeur.

En étudiant ces mythes du Brahmanisme, il ne faut pas oublier qu'ils sont de formation relativement récente et qu'ils n'ont qu'en partie supplanté les vieux dieux de la religion Vedique, Indra, Agni, qui sont restés aussi l'objet de la vénération populaire.

Le Lingam dans l'ioni ou l'hermaphrodite primitif (voir les planches de l'ouvrage de Creuzer) représentait le grand auteur de toutes choses et sa première émanation, la vierge Maya, mère universelle. Le principe féminin était aussi représenté par le triangle et par le lotus qui sort du fond des eaux.

Syva est appelé également *Maha Deva*, le grand dieu. Dans le temple d'Elephanta, près de Bombay, dans une table de pierre est enchassée une pierre conique, un cordon sculpté fait le tour de cet autel, sur lequel on fait en l'honneur de Syva sous la forme du Lingam, des libations qui coulent à terre par une gargouille placée au nord.

Beaucoup d'Hindous, dégoûtés de l'idolatrie et du Polythéisme monstrueux qui règnent dans leur pays, soutiennent qu'on ne doit adorer qu'un seul Dieu, Syva, dont le nom tiré de la racine *Evah*, vie, signifie qu'il est l'être par excellence, (à cette racine on peut rattaché le *Javeh*, *Jéhovah* Hébreu et le *Jovis* des Latins.

Ces Hindous vénèrent le Lingam comme la plus ancienne image de Syva, mais ils cherchent à dépouiller ce rite des infamies que les Brahmanes y ont ajoutées. Cette secte nouvelle prétend que l'emploi de ce symbole apparaît de nos jours une monstruosité, parce qu'il ne rappelle que des idées obscènes à des générations corrompues, mais qu'il n'en était pas de même chez les peuples primitifs.

Swedenborg parlant des premiers âges du monde, explique l'origine de ce symbolisme qui nous choque parce que nous n'en comprenons plus le sens primitif.

Arcanes 4462. « Les parties génitales dans l'un et l'autre sexe signifient les choses (spirituelles) qui appartiennent à la conjonction du bien et du vrai, et la représentent. » Voir aussi arcanes 9960 [1]. Mais Swedenborg ajoute. Comme dans le sens opposé les parties génitales signifient les souillures de cet amour, ou le plaisir de l'adultère, les anciens corrompus adoraient cet amour infâme en adorant le Phallus.

Il est resté des traces de la double signification de ces organes dans la langue populaire qui les appelle parties nobles et parties honteuses.

§ III. — *De la morale du Brahmanisme. De l'ascétisme. Du régime des castes.*

La religion Védique fut complétement corrompue par l'esprit sacerdotal. Les Brahmines firent peu à peu de la religion un tissu d'extravagantes idolatries, en attachant une importance exagérée aux prescriptions rituelles et en attribuant aux prières dites par le prêtre une sorte de pouvoir magique.

Ce caractère surnaturel, attaché aux rites accomplis par les hommes d'une caste à part, est la forme la plus subtile, la plus dangereuse de l'amour de la domination. Des Brahmines ont sacrifié tous les intérêts de leur pays au développement des privilèges de leur caste, en s'appuyant sur le Rig-Veda, comme le clergé Romain s'est appuyé sur la Bible. Cependant il n'y a pas trace dans les Vedas de cette séparation absolue entre les castes, qui est telle que tout mariage est absolument interdit entre elles, et que dans le Malabar un Paria souille un Brahmane, s'il s'approche de lui à 74 pas.

[1] L'union du bien et du vrai chez l'homme n'étant que la ressemblance de l'union et de la sagesse en Dieu, voilà pourquoi ces organes étaient pris pour symboles des perfections divines.

Les Brahmanes, pendant qu'ils interdisaient ainsi toutes relations entre les habitants d'une même patrie, toléraient un mouvement philosophique qui allait jusqu'à l'athéisme, ainsi qu'une licence effrénée et des cruautés inouies dans le culte des basses classes, dans le Bengale surtout.

L'ascétisme est encore l'une des formes que revêt l'orgueil chez les hommes qui veulent se distinguer de leurs semblables. Les Hindous présentent des exemples d'abstinence, de tortures volontaires, surpassant tout ce qu'on a pu imaginér ailleurs de plus insensé.

La division par castes a été surtout le résultat de la conquête par les aryens de couleur blanche d'une race de couleur sombre. Les Brahmines ont créé un nouveau code social opposé à la tradition védique « il n'y avait primitivement, dit un Pourana, qu'un seul Veda, un seul Dieu, un seul feu, une seule caste. »

Le contact de la société anglaise et surtout les publications des savants sur les antiquités de l'Inde porteront des coups terribles aux priviléges de la caste sacerdotale et aux coutumes cruelles ou ridicules qu'elle a établies, et qui ne remontent point aux temps primitifs.

Lorsque le gouvernement anglais voulut interdire les sacrifices des veuves sur le bucher de leur époux, on lui opposa l'autorité d'un passage des Vedas ; mais les savants anglais ont prouvé aux Brahmines que ce passage avait été mutilé et mal traduit pour justifier une atrocité.

A mesure que l'instruction se répand dans les Indes, le mépris des indigènes pour leurs vieilles coutumes augmente et le temps n'est pas éloigné où il y aura une rénovation sociale religieuse complète chez les deux cent millions d'Hindous.

Jusqu'à présent de toutes les églises chrétiennes, c'est l'unitarisme qui a été le mieux accueilli parmi les Brahmines, par une réaction inévitable contre leur monstrueux Polythéisme. Les doctrines de Swedenborg sont aussi goûtées par un certain nombre d'Hindous. Dans cinquante ans le vrai christianisme aura pénétré profondément dans le sein de cette antique société.

CHAPITRE III

Le Bouddhisme

§ I. — *Origine du Bouddhisme.*

Le fondateur de cette religion qui compte encore aujourd'hui 400 millions d'adhérents, naquit sur les bords du Gange, vers la fin du VIIe siècle avant Jésus-Christ, il était fils d'un prince de la caste des guerriers et son vrai nom est Çakia-Mouni. Beaucoup de détails relatifs à sa naissance sont évidemment légendaires et empruntés à l'histoire du Christ.

Le prince, jeune encore, fut touché par la vue des misères du peuple qui l'entourait. « Quand je vois, disait-il, mes semblables en butte à de tels maux, la splendeur de la royauté me devient odieuse. » Il se livra d'abord à toutes les austérités de la vie ascétique, et chercha à réaliser l'idéal religieux des Brahmanes ; mais bientôt son esprit et son cœur se révoltèrent contre leurs doctrines, et il devint pour le Brahmanisme ce que fut Luther pour le Catholicisme dégénéré.

Çakia-Mouny avait 36 ans lorsqu'il entreprit sa réforme religieuse ; à dater de ce moment il fut appelé le Bouddha ou le sage accompli. Ce mot est un adjectif et non un nom propre, et il ne faut jamais dire Bouddha mais le Bouddha.

Le Bouddha proclama que tous les hommes étaient égaux et devaient se traiter entre eux comme des frères; il professa que la pratique des rites devait être subordonnée à la pratique du bien moral.

La morale qu'il prêchait et qu'il pratiquait d'une manière accomplie, se rapproche des enseignements évangéliques, surtout par l'esprit de douceur, de charité envers les petits.

Le Bouddha conserva en grande partie les croyances et le culte du Brahmanisme, mais au lieu de réserver la connaissance de la vérité religieuse à un petit nombre d'adeptes désignés par leurs naissances, il adressa ses prédications à tous sans exception et recruta des disciples dans toutes les classes, et brisa les barrières établies par l'orgueil de la caste sacerdotale, en renversant le préjugé qui faisait considérer les Brahmanes comme des intermédiaires indispensables entre l'homme et la divinité.

Cet appel à l'émancipation des classes inférieures si cruellement opprimées eut un succès immense, et dans son premier essor le mouvement de réforme gagna l'Inde entière, où il domina au IIIe siècle du temps d'Alexandre le Grand ; il y eut ensuite réaction en faveur de la religion des Brahmanes qui persécutèrent les adhérents de la religion nouvelle.

Après des luttes qui durèrent plusieurs siècles, le Bouddhisme s'établit définitivement dans l'île de Ceylan, dans l'ouest et au nord de l'Inde, à Siam, au Nepaul, au Thibet, dans le nord de la Chine et au Japon.

Les Brahmanes au IXe siècle ont extirpé le Bouddhisme du lieu où il prit naissance, de Benarès et du Bengale, mais ils ont fini par l'adopter comme l'une des branches de leur religion, et considèrent le Bouddha comme la neuvième incarnation de Vichnou.

Le Bouddhisme, par ses doctrines égalitaires a préservé l'Indo-Chine de la triste condition où sont tombés l'Assyrie, l'Égypte, la Perse.

Ce qui a fait dégénérer le Bouddhisme, c'est l'esprit clérical, la vie monastique qui là, comme partout, ont porté leurs fruits empoisonnés. C'est le clergé Bouddhiste qui, à la Chine et au Japon, est le principal obstacle à l'influence de la civilisation chrétienne. Rien de plus répugnant que ces images où l'on voit un prêtre Bouddhiste se faisant adorer par une troupe de moines qui beuglent.

Pour maintenir leur domination, les prêtres bouddhistes ont recours à des Dieux intercesseurs, ils ont inventé une reine du ciel et attachent une importance capitale à des pratiques insignifiantes ou ridicules.

§ II. — *Doctrine des Bouddhistes* [1].

Il est bien difficile de savoir aujourd'hui ce qu'était, dans son origine, la doctrine du Bouddha ; il a certai-

[1] Le Bouddhisme se divise en plusieurs Églises. Les similitudes entre le Lamaïsme du Thibet et le Catholicisme du moyen-âge sont telles qu'il est difficile de croire qu'il n'y ait pas eu des emprunts faits au Christianisme du moyen-âge, par le moyen des sectes Syriennes qui avaient pénétré dans l'extrême-Orient.

L'abbé Huc a signalé, dans son voyage au Thibet, les analogies entre le rituel Bouddhique et les cérémonies Catholiques, la crosse, la mitre, l'office à deux voix, la manière de bénir, le chapelet, etc.

On attribue au Bouddha lui-même l'institution de la confession mais elle était publique. Si les Bouddhistes ont la vie monastique, ils ne prononcent pas de vœux et ils peuvent se marier et vivre dans le monde si la vie monastique leur pèse.

nement subi depuis 2,500 ans de radicales transformation.

Ainsi, après avoir été une réaction contre l'esprit sacerdotal, le Bouddhisme s'est plongé dans les erreurs qu'il avait combattues ; les adorateurs du grand Lama au Thibet, ont poussé l'adoration du prêtre plus loin que les Brahmanes. Aucune religion n'a plus de membres livrés à la vie monastique que le Bouddhisme.

Néanmoins le Bouddhisme a conservé une morale très-pure, et par là il a eu une influence très-bienfaisante sur d'immenses populations.

Quant à sa doctrine, Schleguel, plus modeste que les savants actuels et par cela même probablement plus près de la vérité, disait qu'il n'avait jamais pu se faire une idée claire de la doctrine du Bouddhisme.

Comment, en effet, pourrait-on avoir des renseignements exacts sur les enseignements du Bouddha que nous ne connaissons que par des écrits de ses disciples qui lui sont postérieurs de plusieurs siècles.

Le plus ancien document sur les doctrines Bouddhistes est *la triple corbeille*, sorte de formulaire qui ne fut rédigé que dans le troisième concile des Bouddhistes, c'est-à-dire plusieurs siècles après la mort de Çakia-Mouni.

Les disciples ont altéré son enseignement comme les chrétiens ont altéré les doctrines évangéliques au point d'en faire sortir l'inquisition et la prédestination.

La doctrine du Bouddhisme, à laquelle on attribue le plus d'importance, est la doctrine sur le Nirvana. D'après Barthélemy-Saint-Hilaire, Muller, Lenormand, le Nirvana, ce but auquel doit tendre le disciple du Bouddha, est l'absorption de l'âme en Dieu, telle qu'elle perde tout sentiment de sa personnalité.

Beaucoup d'autres savants illustres aussi, Neander, Creuzer, affirment, au contraire, que pour la plupart des Bouddhistes le Nirvana est non le retour au néant, mais la conjonction avec Dieu par l'anéantissement des passions mauvaises. N'est-il pas probable que parmi les Bouddhistes, comme parmi les chrétiens, il y a plusieurs écoles de théologiens.

Il est impossible de savoir ce que le Bouddhisme primitif entendait par le Nirvana, Saint-Hilaire, lui-même, reconnaît que Çakia-Mouni a laissé planer sur ce point une obscurité presque complète.

L'un des textes les plus authentiques, d'après Lenormand, place dans la bouche du Bouddha ces paroles : « Je suis venu pour satisfaire les ignorants avec la sagesse. Tout homme peut faire partie des sages. Le Brahmane est né de la matrice d'une femme comme le dernier des humains auquel il ferme la voie du salut. Personne ne peut fermer cette voie, sinon le démon du péché ; fuyez-le, *anéantissez vos passions.* » Un passage semblable ne suffit-il pas pour prouver que jamais le Bouddha n'a donné pour but de la sagesse l'anéantissement de la personnalité humaine, mais la destruction de ses mauvais penchants : l'orgueil, la cruauté, l'impureté.

Le Nirvana serait l'état de paix, de sérénité qui caractérise l'état des âmes dans le ciel et des justes sur la terre. L'idée du calme de l'atmosphère où ne souffle aucun vent est exprimée en sanscrit par le mot Nirvata.

Nirvana signifie aussi délivrance, affranchissement, et par suite l'état de l'âme qui, délivrée de ses péchés, est conjointe avec Dieu, et semblable à l'Être bon par excellence. De même les Égyptiens, d'après leur rituel funéraire, pensaient que chaque défunt par une vie bonne s'assimilait à Osiris [1].

Les voyageurs qui se sont mis en contact avec les populations de l'Extrême-Orient, affirment tout l'opposé de cette assertion tranchante de Barthélemy de Saint-Hilaire disant que l'espérance du néant est la religion du tiers de l'espèce humaine. « *Il n'y a pas la moindre trace*, dit ce savant, *d'une croyance en Dieu dans tout le Bouddhisme et le Bouddha n'admet pas plus l'âme de l'homme qu'il n'admet de Dieu.* »

Si les Bouddhistes n'ont pas de Dieu, à qui s'adressent donc leurs continuelles prières et adorations? Tous les détails de leur culte montrent qu'ils croient à une vie après la mort.

Les Bouddhistes adorent le Bouddha qui, pour eux, est une incarnation de Dieu. C'est pour cela qu'en priant ils se tournent vers une statue du Bouddha en or, en argent, en bois, en pierre, devant laquelle ils répandent des fleurs, des parfums.

Barthélemy de Saint-Hilaire, page 241, dit d'un fa-

[1] Peut-être aussi, pour beaucoup de Bouddhistes, le Nirvana était-il l'Extase qui est surtout caractérisée par la lenteur ou la cessation de la respiration corporelle. Le mot se compose de *Nir* qui exprime la négation et de *Va*, souffler. Le *Nirvana* signifie donc la cessation de la respiration.

Voir la confirmation de ceci dans *Barthélemy-Saint-Hilaire, le Bouddha*, in-12, pages 135, 139, 143, où il parle des facultés surnaturelles qui sont, d'après les Bouddhistes, conférées à ceux qui sont parvenus aux degrés supérieurs de la sainteté.

Saint-Hilaire appelle l'Extase un néant passager. C'est une idée peu exacte, car l'Extase est l'avènement à un mode d'existence nouveau qui introduit l'âme dans le monde spirituel où toutes choses sont aussi réelles que dans le monde matériel.

La possibilité de pénétrer dans ce monde par l'Extase est universellement admise dans tout l'Orient.

7

meux pèlerin bouddhiste : il ne pense jamais à lui même, il pense au Bouddha qu'il adore de toutes les puissances de son esprit et de son cœur, il pense aux hommes qu'il veut éclairer et sauver.

Le Bouddha ne s'est jamais donné pour un Dieu, dit Saint-Hilaire. C'est vrai, mais cela n'a pas empêché qu'on l'ait adoré comme un Dieu, comme certains catholiques adorent la sainte vierge.

Et ce culte du Bouddha a été permis par la Providence pour que des millions d'hommes fixent leur pensée sur un Dieu personnel, sous forme humaine, et sur un Dieu unique. L'image du Bouddha a supplanté les idoles monstrueuses, innombrables, du Brahmanisme.

L'affection profonde des populations de l'Indo-Chine, si douces, si sociables, pour leur religion, tient certainement en grande partie à ce que le Bouddhisme a su présenter à ces populations simples, candides, un Dieu sous forme humaine, d'un aspect saisissant, qui attire leur cœur, qui fixe leur esprit sur un objet précis, auquel leur culte s'adresse.

Au Japon, comme à Java et à Ceylan, on a donné très souvent aux statues du Bouddha une forme exquise, dont les voyageurs n'ont pas craint de comparer le charme irrésistible à celui qui attire vers les œuvres suaves de Raphaël.

L'expression qui domine généralement dans ces images du Bouddha est un calme, une sérénité comme divine.

Les Bouddhistes entrent dans leurs temples avec des offrandes de fleurs, de riz, d'étoffes, de monnaies, qu'ils déposent aux pieds du Bouddha. Le peuple s'agenouille et le prêtre récite les préceptes de leur religion que l'assemblée répète après lui, sentence par sentence.

Cette assemblée a lieu aux jours de la nouvelle et de la pleine lune.

Des populations ignorantes ont considéré le Bouddha comme Dieu ou comme une incarnation de Dieu. La Providence divine l'a permis pour que les simples puissent, avec l'aide de ce Dieu visible, adorer le Dieu caché, le Dieu invisible.

Ces simples probes sont ainsi préparés à l'adoration du Dieu unique, visible dans la divine humanité du Christ.

Saint-Hilaire nie que les Bouddhistes croient à l'immortalité de l'âme ; que signifie alors le récit qu'il donne, page 257, où un pèlerin célèbre ordonne d'élever une statue de l'intelligence (Bodhi) et invite ses disciples à dire joyeusement adieu à son corps impur qui ne mérite pas de vivre plus longtemps. « Je désire, dit-il, vivre dans le ciel et être admis dans la famille de Mi. » Ses disciples disent ailleurs à leur maître : « Nous souhaitons que vous vous souveniez de nous et que vous nous fassiez passer à l'autre rive. »

En somme, le Bouddhisme est bien supérieur aux autres religions orientales et se rapproche du christianisme. Un savant professeur allemand devant le congrès des philologues à Kiel, en 1869, montrait que le Bouddhisme, loin de prêcher le nihilisme ou l'absorption dans le néant, comme le but à atteindre, tend au contraire au développement moral de la personnalité humaine. Selon ce savant allemand, le Bouddha attribuait la douleur chez l'homme à ses fautes ou à celles de ses ancêtres, et il donnait pour remède à la douleur, non l'absorption en Dieu, mais la subordination de la volonté humaine à la volonté divine par le renoncement aux passions mauvaises. Ce savant avait raison, car on trouve, sur les rochers de la montagne sainte des Mongols à Ourga, ins crite cette sentence attribuée à Çakia-Mouny : « L'homme qui veut triompher de ses vices doit imiter celui qui dé roule les perles d'un chapelet ; s'il extirpe un à un ses penchants mauvais, il obtient la perfection ou le Nirvana. » Le Nirvana, dans la pensée du Bouddha, n'était donc que l'état de paix intérieure qui résulte de la subjugation du mal chez l'homme.

§ III. — *Influence bienfaisante du Bouddhisme. Son avenir.*

La réforme Bouddhique porta peu sur le dogme, elle s'occupa surtout de réformes morales.

Le culte des Bouddhistes est presque un retour à celui des temps primitifs de l'humanité, il consiste surtout en offrandes de fruits, de fleurs, de lumières et d'eaux sacrées.

Les voyageurs racontent qu'ils sont toujours édifiés par la ferveur du culte des Bouddhistes dans les pagodes ou temples où ils vont prier en silence. Les prêtres ne prêchent pas, mais récitent des prières.

Les Bouddhistes en général considèrent comme l'essentiel de la religion l'obligation de faire du bien à leurs semblables. Leurs mœurs sont plus pures que celles des autres peuples de l'Orient.

Les voyageurs ne tarissent pas sur l'accueil hospitalier qu'ils reçoivent dans toutes les pagodes, sur la douceur, la tolérance des Bonzes, qui contrastent avec l'intolérance des missionnaires catholiques et leur mépris pour le culte Bouddhiste, principale cause des soulèvements des populations contre eux. (Voir *Tour du Monde*, 1870, p. 348.)

La religion Bouddhiste recommande par dessus tout la mansuétude pour tous les hommes, pour les bêtes même ; sa charité pour les classes déshéritées est sans bornes et a ruiné le régime des castes en beaucoup de pays. Cette religion n'a jamais employé la contrainte, mais seulement la persuasion, pour faire des prosélytes.

Certaines populations Bouddhistes sont avilies, mais cela est dû presque partout à l'influence malfaisante du despotisme politique, comme à Siam, où le roi, chef civil et religieux, est moine avant d'être roi.

L'état déplorable du royaume de Siam et pays voisins doit être attribué au développement de la vie monastique qui a eu là la même influence délétère que sur les bords de la Méditerranée, surtout en contribuant à accroître le mépris pour la femme et à enraciner la coutume de la tenir dans un état de quasi-servitude.

L'esprit de domination en politique, en religion, qui a amené la ruine de l'Asie Mineure, en inspirant l'esprit de conquête aux conquérants Assyriens, Mongols, a désolé l'Extrême-Orient. Quel contraste entre la barbarie actuelle du Cambodge et sa grandeur passée. Les monuments en ruine de sa capitale Ong-Kor, œuvre des Bouddhistes, sont presque aussi gigantesques que ceux de l'Égypte et leurs sculptures présentent des détails exquis.

Les anciens Cambodgiens ou Kmers, qui sont restés doux, sociables, ont été repoussés dans les montagnes par les Siamois. Ils invoquent, sans prêtres ni temples, un Dieu appelé *Bra*.

Certains archéologues font remonter les ruines d'Ong-Kor à l'époque qui précéda les luttes entre le Bouddhisme et le Brahmanisme.

Sur la population totale de la terre, les Bouddhistes comptent pour 32 centièmes, les Chrétiens pour 30 centièmes, les Mahométans pour 15 centièmes, les Brahmanistes pour 13 centièmes, les autres païens pour 8 centièmes.

Dès que les populations Bouddhistes entrent en contact avec les nations européennes, elles retrouvent rapidement une prospérité qui rappelle celle dont elles ont joui pendant tant de siècles.

Tout fait espérer que ces populations feront un acceuil favorable au vrai christianisme; elles n'ont point de haine irréconciliable contre l'Européen, parce qu'elles n'ont point de haine pour ceux qui ont une religion différente de la leur, bien différentes en cela des musulmans.

Il en est à peu près de même des Brahmanistes. Le protestantisme anglais compte déjà par centaines de mille ses prosélytes dans l'Inde, il en aurait fait bien davantage si les indiens ne perdaient pas leur caste en changeant de religion.

Le nombre des conversions au christianisme ne donne point, d'ailleurs, la mesure de son influence dans les Indes. L'autorité des vieilles religions Hindoues perd rapidement son prestige. Les Brahmines eux-mêmes étudient les livres chrétiens et lorsque le christianisme se sera épuré, il acquérera un ascendant irrésistible sur ces populations.

CHAPITRE IV

De la religion au Japon et en Chine.

Plusieurs siècles avant Jésus-Christ, il existait au Japon une religion qui lui était propre et qui s'est conservée jusqu'à nos jours, mais très-gravement altérée ; c'est le culte des Kamis, dont les adhérents sont appelés Sintoïstes par les Chinois.

Le monument le plus authentique de cette religion primitive est un temple du soleil sur le mont Kamo ; on va aussi chaque année en pèlerinage au temple d'Isye.

Une antique légende du Japon renferme un sens moral profond. Le dieu Izanaghi et la déesse Izanami descendent sur la terre ; les enfants qu'ils eurent pendant leur séjour ici-bas furent sujets à la mort. En remontant dans les cieux le dieu dit à ses enfants, en leur présentant un disque d'argent poli ou miroir qui reflétait l'image de sa compagne : « Vous pouvez avoir sur cette terre un avant-goût de la félicité céleste. Je vous laisse cette image qui vous rappelera les traits de votre mère ;

en même temps vous y verrez votre propre image; ce sera l'occasion de comparaisons humiliantes pour vous, mais aussi de salutaires retours sur vous-mêmes. Efforcez-vous d'imiter le divin modèle que je vous laisse. Chaque matin vous vous agenouillerez devant ce miroir; il vous signalera les désordres jetés par les passions mauvaises dans votre physionomie, effacez ces empreintes du mal par une vie meilleure. »

Voir Ed. Lambert, *Voyage au Japon*.

Le miroir est donc au Japon, comme dans les mystères de la Grèce, le symbole de l'examen de soi-même, que chacun peut faire en se comparant personnellement au type immuable du bien et du vrai, à la divinité sous forme humaine. On voit dans les images japonaises le grand juge des enfers avec deux assesseurs; l'âme ou l'esprit s'agenouille devant un miroir qui lui retrace les maux qu'il a commis.

Les Kamis sont les demi-dieux, les héros du Japon; on a érigé en leur honneur des monuments funéraires appelés *Mias*, dans les lieux les plus pittoresques, là où sont les plus beaux arbres sur des collines naturelles ou artificielles entourées de murs cyclopéens et d'un large fossé : un tori ou poste sacré, sorte de dolmen, indique la sainteté du lieu, et près de là est un bassin plein d'eau pour les ablutions. C'est toujours par l'Orient qu'on entre dans l'enceinte.

Les anciens Japonais n'avaient d'autre temple qu'une cabane carrée couverte de jonc, sur quatre pilliers avec parois mobiles, sous laquelle étaient un autel en bois de cèdre, deux vases de bambou renfermant des fleurs, enfin un disque ou miroir de métal sur l'autel; il n'y avait ni image ni statues. Tous pouvaient y allumer un feu sacré.

Il y avait cinq grandes fêtes annuelles, la quatrième était la fête des lampes. Les petites filles parcouraient les rues en balançant des lanternes de papier. On fêtait aussi le 1er, le 15 et le 28 du mois lunaire, comme chez les romains.

Le papier béni qu'on brûle dans les temples est une importation du Bouddhisme.

Cette religion à son origine n'avait point de sacerdoce. Peu à peu le culte dégénéra jusqu'aux sacrifices humains qui furent supprimés au premier siècle de notre ère.

Au VIIe siècle après Jésus-Christ, le Bouddhisme fut importé au Japon par des moines venus de Chine, qui adoptèrent le culte des Kamis, mais en le corrompant, par des rites multipliés, superstitieux, comme la roue à prières.

Au VIIe siècle avant Jésus-Christ fut fondée la monarchie théocratique des Mikados. Cette double couronne a été héréditaire dans la même famille depuis 2,400 ans, mais le pouvoir politique de cette famille n'est plus que nominal, depuis qu'un palefrenier en l'an 1600 a fondé une monarchie purement politique qui s'appuie sur l'aristocratie terrienne. Ce souverain de fait, ou le Taicoun adore le Micado la face contre terre, lui paye une sorte de liste civile, mais ne lui laisse aucun pouvoir réel. Le Mikado est porté sur les épaules de ses familiers comme le pape, il est inaccessible dans son palais où il vit avec douze femmes et douze concubines ; lui seul au Japon est polygame.

Aucune nation orientale n'a été fermée plus hermétiquement aux européens jusqu'à ces derniers temps, et aucune ne s'est civilisée plus rapidement à la manière européenne, et cela sans subir la domination des européens. Si les progrès que cette race douce, sobre, laborieuse a accomplis depuis vingt ans continuent un demi-siècle avec la même progression, le Japon prendra rang avec ses trente millions d'hommes parmi les nations qui marchent à la tête de l'humanité.

Dans les temps primitifs, les Chinois élevaient sur les montagnes ou en rase campagne avec les pierres du lieu, un autel appelé tan, autour duquel était une double enceinte, appelée kiao, formée de gazons et de rameaux. L'empereur et ses ministres ou le patriarche chef de famille avait seul le droit d'entrer dans l'enceinte sacrée ; le peuple, en silence, se tenait à distance sur le penchant de la montagne. On sacrifiait au lever de l'aurore.

Dans le principe, une seule montagne était consacrée au culte ; plus tard il y en eut quatre aux quatre points cardinaux. Cet usage d'aller sacrifier sur les monts sacrés subsista longtemps.

Cette religion primitive, dite de Laotse, dont le culte est celui de la basse classe, a dégénéré en idolâtrie grossière.

Confucius, contemporain du Bouddha, a fondé, six siècles avant Jésus-Christ, une religion qui est celle des lettrés et dont l'empereur est patriarche. Chaque ville a un temple dédié à Confucius, où il n'y a ni images ni prêtres ; aucun érudit n'a encore donné des notions suffisantes sur cet enseignement de Confucius qui a fait les Chinois ce qu'ils sont.

Ce philosophe conserva en partie les rites de la religion primitive. Le 18 de la première lune de l'année, a lieu la fête des lanternes. Chaque Chinois, même le plus pauvre, en allume quelques-unes. Les feux d'artifice, les illuminations sont sans pareils.

Tous les Chinois sans exception ont aussi conservé la coutume de rendre des hommages aux ancêtres. Il n'y a pas une cabane où la tablette qui porte le nom des ancêtres ne soit à la place d'honneur. Les riches ont une pièce réservée ou sanctuaire domestique où sont les portraits des aïeux et un autel sur lequel sont des lampes allumées, et où l'on vient se recueillir, prier et présenter des offrandes. Cette coutume entretient l'esprit de famille et l'esprit national.

Les peintures religieuses Chinoises montrent que ces peuples ont la ferme croyance qu'ils vivront après la mort sous forme humaine. Les Chinois meurent avec un calme admirable et n'attachent point d'idées tristes à la mort ; ils portent le deuil en blanc et on ne peut leur faire un cadeau plus agréable que celui d'un cercueil.

Le Bouddhisme a pénétré au 1er siècle de l'ère chrétienne chez les Chinois qui l'ont appelé la religion de Fo. Il sut gagner beaucoup de partisans par les pompes de son culte, mais il dégénéra bientôt et les bonzes habillés de gris avec un bonnet rouge sont mal vus par le peuple ; ils ont été massacrés partout par les taipings.

Vers l'an 1400 de notre ère, le Bouddhisme fut réformé dans la Tartarie Chinoise. Les lamas ou prêtres de ce culte réformé qui était celui des empereurs Mantchous, ont adopté le vêtement jaune. Dans leurs temples, devant la statue de Fo ou du Bouddha sont des tables avec des flambeaux, des vases pleins d'eau, des cassolettes à parfum. Les fidèles offrent des grains, des fruits, des fleurs ; les prêtres disent des prières mais ne prêchent pas.

Ce qui gâte tout en Chine, c'est le despotisme et la servilité qu'il enfante. Les femmes sont tenues dans l'ignorance et la réclusion, et sont soumises à des pratiques cruelles comme la mutilation des pieds.

Sous une décence apparente, il y a une corruption profonde, et la polygamie existe quoiqu'il n'y ait qu'une épouse légitime.

La dynastie Mantchoue opprime la Chine depuis un siècle ou deux, et c'est elle qui empêche les européens de communiquer librement avec les Chinois.

L'Europe aurait du soutenir en la modérant la grande insurrection des taipings qui voulait renverser la dynastie Mantchoue.

Il y a entre toutes les nations du monde une solidarité qui permet en certains cas exceptionnels une intervention qui a pour but d'établir la réciprocité dans les rapports des divers peuples.

Ainsi les Américains qui ne veulent pas laisser les Chinois pénétrer sans femmes chez eux, ont raison, puisque les Chinois ne permettent pas aux Américains de pénétrer librement en Chine[1].

[1] Ce sont les conquérants Mantchous qui ont imposé au Chinois l'obligation de se raser la tête, sauf une mèche qui les rend ridicules aux yeux de tous les peuples.

LIVRE IV

DE LA RELIGION DES ÉGYPTIENS

CHAPITRE PREMIER

Origines du Peuple Égyptien. Sommaire de son histoire.

Les érudits sont à peu près d'accord aujourd'hui pour admettre que les premiers habitants de la vallée du Nil provenaient de l'Asie. Ils fondent leur opinion sur l'étroite parenté qui existe entre la langue des Égyptiens et celle qui se parlait sur les rives de l'Euphrate et du Tigre.

On a rangé tous les faits de l'histoire de l'Égypte ancienne sous les divisions suivantes :

34 dynasties ont régné en Egypte. Les dix premières forment ce qu'on appelle l'ancien empire, qui aurait duré depuis l'an 5,000 jusqu'à l'an 3,000 avant Jésus-Christ. Le centre de cet empire fut Memphis, célèbre par ses pyramides.

Sept dynasties forment le moyen empire dont la capitale fut Thèbes, au sud de la vallée. Ce fut pendant le moyen empire qui dura de l'an 3,000 à l'an 2,000 avant Jésus-Christ qu'eut lieu l'invasion des Pasteurs.

Le nouvel empire, celui des Rhamsès, embrasse 13 dynasties de la xviiie à la xxvie, et s'étend de l'an 2,000 à l'an 330 avant Jésus-Christ, époque où Alexandre conquiert l'Égypte et fonde les dynasties grecques.

Le plus ancien centre de civilisation fut Memphis, dans le Delta du Nil. Là, autour de la pyramide à 7 degrés de Saquarah, sont les tombeaux des plus anciens rois. C'est là que les prêtres plaçaient la tombe d'Osiris.

Menès fut le premier roi, ses successeurs Cheops, Chephren, Mycerinus bâtirent les grandes pyramides.

Sous la troisième et la quatrième dynasties (4,000 ans avant Jésus-Christ), l'Égypte atteint l'apogée de son développement religieux et artistique. Les grandes pyramides révèlent une science dans l'art des constructions qui n'a jamais été surpassée, soit pour le fini du travail, soit par l'énormité des pierres employées.

La sculpture a atteint une perfection qu'elle ne retrouvera plus en Égypte. Le système d'écriture est complet, et l'on doit croire qu'à cette époque la supériorité des doctrines religieuses était la source de la supériorité de la civilisation Égyptienne.

Les prêtres égyptiens n'exagéraient peut-être pas beaucoup, quand ils disaient à Platon que leur histoire remontait à 10,000 ans. Il a fallu certainement un grand nombre de siècles pour que ce peuple put arriver à produire une statue comme celle du roi Chephren, trouvée au fond d'un puits près du sphinx de Giseh. Le roi est assis, derrière sa tête est un épervier debout, les ailes ouvertes en signe de protection. Il y a dans cet ensemble une majesté tranquille et une correction de dessins qui étonnent.

La constitution politique et sociale de l'Égypte primitive semble avoir été le patriarcat, auquel succéda une monarchie tempérée. Le sacerdoce n'avait pas encore la prédominance qu'il acquit sous le deuxième ou le troisième empire.

Peu à peu le lent travail sacerdotal pétrifia tout, les croyances et formules religieuses comme les formes de l'art qui devint hiératique, c'est-à-dire soumis à certains types de convention.

La monarchie devint de plus en plus despotique. A ces deux causes il faut attribuer l'éclipse de la civilisation primitive. De la sixième dynastie à la dixième, on ne trouve presque plus de monuments.

Le despotisme militaire et sacerdotal produisit en Égypte les mêmes effets que partout ; il employa, pour satisfaire l'esprit de domination, les forces immenses créées par un régime de liberté et de spontanéité, et de cette manière tarit la source de ces forces. La construction des grandes pyramides, tombeaux fastueux des rois, semble avoir épuisé les ressources de l'Égypte primitive [1].

Sous le moyen empire (2,800 ans avant Jésus-Christ), s'épanouit une nouvelle civilisation presque aussi grandiose sous la onzième et douzième dynastie que sous la quatrième.

Après la treizième dynastie a lieu l'invasion des Pasteurs, tribus nomades de la Syrie, de l'Arabie, de l'Afrique, qui s'emparent de l'Égypte presque sans combat,

[1] Les Égyptiens ont connu l'usage du bronze plusieurs milliers d'années avant l'Europe. Ils n'ont pas fait usage, pour leurs grands monuments, du fer.

tuent les hommes, réduisent en esclavage les femmes et les enfants et détruisent la plus grande partie des édifices.

Cette invasion qui a lieu 2,000 ans environ avant Jésus-Christ, fut probablement la cause de l'émigration en Grèce, en Italie, dans le midi de l'Europe, de colonies Égyptiennes qui implantèrent dans ces pays la civilisation Égyptienne, en l'adaptant à l'état des diverses races.

La domination des Pasteurs est renversée (1800 ans avant Jésus-Christ), Amasis qui a chassé les étrangers fonde la dix-huitième dynastie qui commence le nouvel empire. Sous la dix-neuvième dynastie apparaissent les grands conquérants dont le plus célèbre fut Rhamsès II (Sesostris). C'est sous son successeur qu'eut lieu l'exode des hébreux. Le père de Rhamsès II, Seté, bâtit les temples de Karnak, d'Abydos.

Rhamsès II envahit l'Asie où il renverse le premier empire chaldéen. Les inscriptions hiéroglyphiques donnent les détails les plus précis, les plus curieux sur son courage, sa cruauté, sur son ardente dévotion au dieu Ammon, sur ses mœurs relâchées. Il faisait entrer dans son harem les filles des rois vaincus, il eut 177 enfants.

Ce fut lui qui écrasa les hébreux en leur imposant des travaux au-dessus de leurs forces. La sortie d'Israel sous son successeur affaiblit l'Égypte qui ne tarda pas à être conquise par le roi de Babylone, puis par le roi de Perse. Elle ne recouvra plus son indépendance.

L'époque du nouvel empire doit donc être considérée comme une époque de décadence. En ce qui concerne la religion, on conserve encore les symboles, les rites de l'église primitive mais en les altérant, parce qu'on n'en comprend plus le sens véritable ; au lieu d'adorer comme leurs ancêtres un Dieu unique, on adore les images qui représentaient ses attributs ou manifestations divines. Les rites dégénèrent en pratiques magiques.

C'est le moment où Israël reçoit l'ordre de quitter un pays où domine une religion complètement dévastée, pour aller fonder une église nouvelle où sera adoré le Dieu unique Jéhovah.

CHAPITRE II

De la théologie des Égyptiens.

§ I. — *Notions générales.*

Le peuple Égyptien avait un esprit profondément religieux. Cela est prouvé par le témoignage des anciens et par l'immense quantité de monuments religieux que ce peuple a laissés.

Les croyances primitives qui inspirèrent les fondateurs des institutions religieuses de l'Egypte, sont difficiles à déterminer, parce que l'on a presque toujours confondu la religion corrompue des derniers temps avec celle des hommes qui ont vécu dans les temps très-anciens.

Plutarque dit que la théologie Égyptienne avait deux significations, l'une littérale, l'autre intérieure et symbolique. Nous donnerons un aperçu des travaux qui ont été faits en notre temps pour retrouver le sens caché des symboles hiéroglyphiques.

Nous prendrons les textes, les faits tels qu'ils sont établis par les savants les plus autorisés, Champollion, de Rougé, Chabas, Lenormand ; mais nous leur donnerons souvent une interprétation différente, ou plutôt nous essaierons de compléter celle qu'ils ont donnée, en nous appuyant sur d'autres auteurs

§ II. — *Doctrine des Égyptiens sur la Divinité.*

Selon Hérodote les Égyptiens reconnaissaient un Dieu unique qui n'a pas eu de commencement, qui n'aura pas de fin, lequel a tout créé. Dans les temples primitifs, ne renfermant nulle statue ou idole, tel que celui découvert par M. Mariette au pied des pyramides, les plus anciens Égyptiens adoraient un Dieu unique, *créateur des deux régions*, c'est-à-dire du monde terrestre et du monde spirituel.

Les Égyptologues les plus distingués de notre temps, de Rougé, Lenormand, Chabas, Mariette, renonçant au système de Creuzer, de Guignaut, qui ne voyaient dans les religions antiques que la déification des forces de la nature, ont reconnu dans la religion des Égyptiens la croyance à un Dieu unique, subdivisé en autant de divinités secondaires qu'il a d'attributs ou de manifestations diverses.

C'est le système de Jamblique disant : le Dieu, quand il engendre et crée toutes choses, s'appelle Ammon, Quand il est l'esprit qui résume toutes les intelligences, il est Imotep, quand il est celui qui accomplit toutes choses, il est Phtah, quand il est le Dieu bon, bienfaisant il est Osiris.

Les attributs divins ainsi personnifiés devinrent peu à peu pour le vulgaire autant de Dieux distincts. Ainsi se forma ce Polythéisme grossier qui fit disparaître la religion primitive sous de monstrueuses superstitions.

Les initiés connurent d'abord la vraie doctrine, mais elle se perdit peu à peu, même chez les prêtres. Ceux-ci néanmoins restèrent longtemps fidèles à la doctrine d'un Dieu unique, qu'ils revêtaient de symboles.

« Le Dieu unique, dit Chabas, n'est pas nettement spécialisé par un personnage unique du vaste panthéon Égyptien. Ni Phtah, ni Seb, ni Ra, ni Osiris ne le personnifient constamment. Les uns et les autres sont invoqués dans des termes qui l'assimilent au Dieu suprême. Les innombrables Dieux de l'Égypte ne sont que des attributs ou des aspects différents de ce Dieu unique. »

Ce qui contribua à multiplier à l'infini le nombre des Dieux, ce fut la coutume de donner, dans chaque localité, au même Dieu un nom différent.

On retrouve dans la langue sacrée des Égyptiens une expression, *le Seigneur les Dieux*, qui est l'équivalent du *Jehovah les Dieux*, *Elohim* des Hébreux. « Derrière cette expression collective, dit Mariette, se cache un Dieu unique, considéré dans la diversité de ses puissances[1]. »

§ III. — *Des triades divines.*

L'Égypte primitive adorait un Dieu unique qu'elle représentait par divers symboles et elle donnait des noms divers aux personnifications des attributs divins.

[1] Un Égyptologue distingué, M. Pierret, a lu, en juin 1879, à l'académie des inscriptions, un remarquable mémoire où il établit que le Monothéisme était le fondement de la théologie des Égyptiens.

En général, ces personnifications ou divinités secondaires se groupent par triades ou par séries de trois divinités formant comme une sorte de famille, composée du père, de la mère et d'un enfant. Ces triades s'enfantent souvent l'une l'autre.

« L'être existant par lui-même, dit le rituel funéraire, est à la fois père, mère et fils. »

Ce Dieu tri-un se retrouve dans d'autres religions antiques. Dans une hymne d'Orphée, il est dit : « Monarque du ciel et des enfers, Être éternel que nous honorons sous le titre de père et de mère. »

En Égypte, la triade la plus ancienne est celle de Memphis. Le Dieu père est Phtah, son épouse est Paseht, la grande déesse, à la tête de lionne, vengeresse des crimes, et le Dieu enfant est Imotep.

La triade de Thèbes est composée d'Ammon Ra, de Maut, la mère divine, et de Cous ou Chnouphis, fils et manifestation d'Ammon, qui est le Dieu invisible, insondable, dont le nom signifie : le caché.

La triade qui fut l'objet du culte le plus populaire, fut celle d'Osiris, Isis et Horus.

Ces triades se fondent souvent les unes dans les autres, et donnent naissance à d'autres triades d'autant plus difficiles à distinguer, qu'on donnait plusieurs noms à la même divinité, par exemple à Isis, la déesse aux dix mille noms.

Ces ressemblances de triades prouvent qu'elles symbolisaient les mêmes attributs divins, mais considérés sous des aspects différents. N'est-il pas permis de croire que ces attributs personnifiés étaient l'amour divin ou le bien, représenté par le père, la sagesse divine ou la vérité, représentée par la mère, et la puissance ou l'opération divine représentée par le fils.

Les déesses, pour la plupart vierges mères, personnifient la vérité et par suite l'Église qui reçoit, conserve et enseigne la vérité. Adresser un culte à ces déesses, c'était donc, dans la pensée des hommes très-anciens, adorer, remercier Dieu protégeant, régénérant les hommes par la vérité dans l'Église avec une tendresse toute maternelle. L'Église, cette réalité si importante dans la sphère religieuse, ne devait-elle pas avoir son représentatif particulier ?

Le Dieu enfant représentait l'enfant de Dieu ou l'homme régénéré par le vrai et le bien, ou Dieu dans l'homme auquel il a donné une nouvelle vie spirituelle.

Le Christianisme a emprunté aux religions antiques ce symbole d'une famille divine ; il a trouvé dans ce symbole un puissant moyen d'action sur les simples, au moyen âge, et même dans le siècle actuel, ce symbole jouit encore d'une grande puissance, surtout sur le cœur et l'imagination des femmes et des enfants

D'après Hérodote, les Égyptiens reconnaissaient trois ordres de Dieux. Creuzer dit aussi qu'au commencement régnèrent sur l'Égypte les Dieux suprêmes, puis ceux du second ordre, ensuite les demi-dieux, enfin les hommes. Ce sont les quatre âges de la Grèce.

Les assertions d'Hérodote, de Creuzer, ne peuvent-elles pas s'interpréter en ce sens que le même principe divin se manifesta successivement sous divers aspects, par suite sous différents noms, aux sociétés qui se sont succédé sur la terre.

Une série pareille de Dieux se trouve chez les Orphiques qui donnaient au monde quatre âges distincts, gouvernés par Ouranos, Cronos, Zeus et Dionysius.

Dans la triade de Memphis, la série des manifestations

divines s'ouvrent par Phtah, l'être caché qui a précédé tous les êtres, le Dieu suprême qui se confond quelquefois avec Kneph.

Ou plutôt Phtah est Kneph, le Dieu insondable qui se révèle, qui ouvre l'esprit de l'homme à la connaissance de la divinité. Il est représenté enveloppé de bandelettes, c'est-à-dire à moitié caché, mais ses mains dégagées pressent sur sa poitrine deux serpents comme les mains de la Diane d'Ephèse ; il a deux éperviers sur ses épaules comme Odin a deux corbeaux, et il a aussi quelquefois deux faces comme Janus.

Phtah a toujours la carnation verte.

Neith, dont nous allons parler, est Kneph femelle.

A Phtah est associée la déesse Secket à tête de lionne ; Son titre dans les inscriptions est la grande amante de Phtah ; elle a deux aspects, tantôt elle exécute les vengeances du Dieu suprême et les Dieux qui marchent à sa suite représentent les fléaux divins, tantôt elle sauve, protége les hommes, elle porte alors une égide, ce qui complète sa ressemblance avec Athéné ou Minerve.

La déesse Neith est la même que Secket et Pasch. Cette Minerve Égyptienne qui semble avoir transmis son nom à Athené, a aussi une tête de lionne. Le lion symbolise la puissance du vrai, comme dans un sens opposé la puissance du faux.

Neith est quelquefois représentée versant aux âmes l'eau céleste qui les renouvelle ou la vérité. Elle est aussi représentée comme Diane, avec un arc et des flèches. Ces flèches sont les vrais qui combattent le mal, l'erreur.

A Neith est consacré le vautour, symbole de la maternité divine, et on la voit sous cette forme planer au-dessus de la tête des hommes qu'elle protége.

Dans la triade de Memphis le Dieu enfant est Imotep.

M. de Rougé a observé que dans ces triades le Dieu enfant a un rôle qui le rapproche de l'humanité. Cette observation confirme l'opinion de ceux qui voient dans cet enfant du Dieu père, tantôt ce Dieu lui-même sous un nouvel aspect, plus humain pour ainsi dire, soit simplement l'homme régénéré que dans toutes les religions on appelle enfant de Dieu.

La triade de Thèbes se compose d'Ammon, de la déesse Maut, et du Dieu enfant Chous.

Ammon succède à Phtah dans la série des Dieux Égyptiens comme Saturne à Kronos dans la série des Dieux Grecs.

Ammon est le fils de Phtah ; c'est un nom nouveau donné au Dieu unique, soit parce qu'il est considéré sous un nouvel aspect, soit parce qu'il est adoré dans un autre lieu.

Amoun signifie caché ; Ra est le nom du soleil. Ammon-Ra est donc le Dieu invisible se rendant visible sous la forme du soleil. On adorait donc le Dieu suprême dans le soleil comme dans sa manifestation la plus éclatante. On appelait Ra le soleil levant et Atoum le soleil couchant.

Dans la plupart des religions antiques, le soleil fut par excellence le symbole représentatif de Dieu ; quand on adorait Dieu on se tournait vers le soleil, surtout vers le soleil levant ; de là vint la coutume de placer les temples en aspect vers l'Orient.

On retrouve dans les livres sacrés des Hébreux cette coutume de considérer le soleil comme emblême du Seigneur. « L'Eternel, notre Dieu, nous est un soleil, dit le psaume 84. »

Ce n'était pas à l'astre, mais à l'Être suprême qu'il représentait, que le culte était adressé. L'idolâtrie commença quand on adora le soleil matériel au lieu d'adorer la divinité dont il est le plus éclatant symbole.

En Nubie, Ammon-Ra se confond comme Phtah avec le Dieu suprême, le Dieu caché, le Dieu créateur, Cneph, Chnouphis, il était représenté alors sous la forme d'un bélier façonnant un homme sur un tour à potier. On retrouve cette image dans Isaïe LXIV, 8. *Jéhovah tu es notre père, tu es notre potier, et tous nous sommes l'œuvre de tes mains.*

Ammon considéré comme créateur ou Demiurge, apparait coiffé des cornes du bélier qui symbolise l'ardeur génératrice. Le culte qu'on rendait à Ammon sous cette forme se rapprochait du culte du Lingam dans les Indes.

Quand Ammon est représenté sous la forme ithyphallique, il a un seul bras et une seule jambe, et son corps est bleu. Sur sa tête est sa coiffure habituelle, deux longues plumes. Sur sa poitrine brille le plus sacré des symboles, le globe ailé, investi des ureus, symbole de la divinité cachée, et dans lequel sont représentés les trois attributs divins, l'amour divin par le globe, la sagesse divine par les ailes et la puissance divine par l'ureus ou le serpent.

On a traduit plusieurs hymnes à Ammon-Ra, qui sont de toute beauté. Voir celui traduit par Grebault ; hommage à toi, Dieu Ani (agni), hommage à toi, créateur de toutes choses, etc.

A côté d'Ammon, le Dieu insondable, le bélier bleu, apparait son épouse allaitant un Dieu enfant. Cette déesse mère est appelée Maut, Ma.

Cette déesse dont le nom est exprimé par un hiéroglyphe qui signifie lumière du soleil levant, est la même que l'Estia des Grecs, la Vesta des Romains. Son corps est peint en rouge, sa tunique est parsemée de petites flammes. Elle s'appelle aussi Sati, et elle est mère d'Osiris et d'Isis.

La déesse Mouth ou Ma est coiffée d'un vautour, symbole de la maternité divine.

Le Dieu enfant de la triade de Thèbes est Chous ou Djom qui est un dédoublement d'Ammon, lorsqu'il se manifeste par sa puissance ou ses opérations.

Chous est représenté écrasant les crocodiles, comme Imotep les serpents.

Il est souvent confondu avec Thoth ou Hermès qui révèle la vérité aux hommes. Thoth, auquel on attribue l'invention des hiéroglyphes, est représenté révélant la vérité aux hommes cynocéphales, c'est-à-dire aux hommes naturels.

D'après Champollion, Chous ou Choum est un hercule Égyptien ou un hercule Harpocrate, un héros, enfant d'un Dieu.

Phré est le même que Ra, c'est toujours le soleil, l'œil droit de Dieu, ou le Dieu unique qui prend divers noms selon la sphère où il se manifeste.

§ IV. — *De la trinité ou triade d'Osiris, Isis, Horus.*

« Tous les Égyptiens, dit Hérodote, n'adorent pas les mêmes Dieux, ils ne rendent tous le même culte qu'à Osiris et à Isis. » Chaque nome ou province adorait le Dieu suprême sous un nom particulier. Osiris, dès la plus haute antiquité, était le Dieu local d'Abydos (Tinis) dans le delta du Nil. Peu à peu il devint le Dieu vraiment national.

Osiris, fils d'Ammon est Ammon lui-même, ou la divinité suprême considérée dans son premier attribut, l'amour infini qui crée, conserve et sauve toutes choses.

« Osiris aime à faire le bien, dit Plutarque. » C'est le bien par excellence, on l'appelait *Oun*, *Nofré*, l'Être bon, le bienfaisant ; c'est le Dieu suprême se manifestant par son amour, par le bien qu'il fait.

Le nom d'Osiris signifie le maitre de la terre ou celui qui a beaucoup d'yeux. L'œil d'Osiris, ce symbole si fréquent sur les monuments Égyptiens, c'est l'œil de la Providence divine.

Osiris est aussi un Dieu infernal à couleur noire, ce qui signifie qu'il est aussi le sauveur et le guide des âmes dans l'autre vie. « Adoration à Osiris qui est dans l'Amenti, c'est-à-dire dans le monde des esprits, » est une formule du rituel.

Isis est la compagne d'Osiris. Les anciens pensaient qu'il y avait dans la nature divine deux principes, l'élément masculin et l'élément féminin qui apparaissaient comme distincts, quand le Dieu un se manifestait aux hommes.

Isis est inséparable d'Osiris. On les appelait le seigneur et la dame. Ainsi ont été appelées les divinités populaires chez beaucoup de peuples.

Isis est représentée ordinairement avec une tête de vache, avec le disque entre les cornes et deux plumes sur la tête ou coiffée du vautour comme la déesse Maut ; comme Cérès elle porte souvent des gerbes d'épis.

Isis porte sur ses bras un jeune enfant qu'elle allaite.

C'est Horus qui a sur sa tête le globe, symbole du soleil.

L'épouse d'Osiris se dédouble quelquefois et devient Athor ou la Vénus Égyptienne. Partout dans le temple de Denderah on voit le roi offrant d'un côté à Isis, de l'autre à Athor une statuette de la vérité [1].

Isis représente la vérité comme Osiris personnifie le bien. Osiris étant le divin bien ou le Seigneur lui-même, Isis est le divin vrai ou l'Église qui possède la vérité. « Isis, dit Plutarque, a un amour inné pour le bien ou pour le principe du bien, elle le désire, elle s'offre à lui pour qu'il la féconde. » Telle doit être l'Église vis-à-vis du Dieu sauveur.

Horus représente l'homme régénéré et par suite enfant de Dieu et de l'Église.

Le mythe de la mort d'Osiris enveloppe une antique tradition relative à la chute d'une Église primitive et au relèvement de cette Église par la vérité représentée par Isis.

Osiris et Isis parcouraient l'Égypte, répandant partout leurs bienfaits, apportant aux hommes le blé, l'orge, la charrue et les biens spirituels qui correspondent à ces biens naturels. Pendant qu'Osiris faisait ainsi le bien, son frère, le pervers Typhon conspire contre lui, et à son retour, dans un banquet, offre de donner un coffre à celui qui le remplira. Osiris se place dans le coffre, Typhon et les conjurés scellent le coffre et le jettent dans le fleuve. Ils avaient, d'après d'autres récits, mis en pièces Osiris et dispersé ses membres en divers pays [2].

[1] La déesse Athor, comme Vénus chez les Grecs, était le symbole de l'idée de beauté ou de la suprême vérité considérée comme la source de toute beauté.

[2] Ce mythe a de l'analogie avec celui de l'enchanteur Merlin, séparé de Viviane et enfermé dans son tombeau.

Isis cherche en tout pays les membres dispersés de son époux, et aidé d'Anubis les rapporte en Égypte, sauf les parties sexuelles qui restent perdues. Set ou Typhon succombe sous les coups d'Horus, vengeur de son père, qui renaît dans son fils, mais la lutte entre le bon et le mauvais principe continue dans le monde [1].

Dans ce mythe, ne doit-on voir, avec Creuzer, que le tableau de la révolution astronomique d'une année, la disparition du soleil en hiver et sa résurrection au printemps; n'est-il pas plus rationnel de croire que ce mythe représente la lutte du bien et du mal dans l'ordre moral, religieux. Le bien qui vient de Dieu, qui est Dieu lui-même, lutte contre le mal moral, représenté par le crocodile, l'hipopotame, le serpent, qui sont les formes attribuées à Typhon ou au mauvais principe.

On peut aussi voir dans ce mythe l'histoire de la déchéance de l'humanité lorsqu'elle passa de l'âge d'or à l'âge d'argent, ou de l'Église très-ancienne à l'Église ancienne. Osiris disparu de la terre, c'est le bien divin, c'est l'amour céleste disparu de l'Église. Osiris ressuscité par les prières de son épouse, de l'Église, c'est l'amour et la charité reparaissant parmi les hommes, mais l'amour céleste a fait place à la charité spirituelle ou naturelle, ce qui est signifié par la perte du membre viril d'Osiris, dévoré par un poisson. Telle est aussi la signification du mythe de Saturne (l'Église spirituelle), coupant les organes génitaux à Ouranos (l'Église céleste).

Typhon et les Titans qui escaladent l'Olympe, rappellent aussi les Enakim (les Nephilim) de la bible, ces hommes de l'Église très-ancienne pervertie.

[1] On a aussi comparé Osiris tué par son frère Typhon à Abel tué par Caïn.

Dans les mystères d'Eleusis, on pleurait aussi un Dieu perdu et retrouvé. Les lamentations des initiés en souvenir des peines d'Isis ou de Cérès avaient trait, non à la disparition du soleil en hiver, mais à la disparition du bien sur la terre.

Tel est le sens réel de cette institution presque universelle dans l'antiquité, d'une période de tristesse, de deuil solennel à l'équinoxe d'automne et de réjouissance à l'équinoxe du printemps.

Les fondateurs des religions antiques perpétuèrent ainsi, pour les initiés, le souvenir de la déchéance de l'homme dans les temps primitifs.

Le vaisseau que l'on promenait à Eleusis et les barques sacrées, le vaisseau isiaque porté en procession en Egypte, ne faisaient-ils pas aussi allusion au mythe du déluge.

La même explication s'applique au mythe d'Adonis tué par un sanglier, au mythe d'Atys pleuré par Cybèle.

A Byblos, les fêtes en mémoire d'Adonis avaient deux parties, l'une consacrée à la douleur, aux lamentations pour la perte du Dieu, l'autre consacrée aux réjouissances par lesquelles on célébrait son retour ou sa résurrection.

Le même sens peut aussi être attribué au mythe d'Orphée pleurant sa femme qu'il va chercher dans les enfers, au mythe de Cérès allant aussi chercher sa fille perdue dans les enfers ; il s'agit toujours de l'Église qui a perdu les biens et les vrais divins et qui, après les avoir retrouvés, célèbre le retour de Dieu ou de l'influx divin en elle.

On représentait cette renaissance de l'Église ou la renaissance de l'amour du bien et du vrai chez ses membres par divers symboles, ainsi par les images ithyphalliques comme représentant la régénération ou nouvelle naissance des initiés surtout. La même signification doit être attribuée à cette coutume par laquelle on confiait à la terre, à Denderah, à Eleusis, des grains de blé, symbole du Dieu mort ou du Dieu disparu. L'épi surgissant représentait le Dieu ressuscité ou le bien reparaissant dans l'Église. Il en était de même des fameux jardins d'Adonis qui consistaient en vases remplis de terre où l'on semait de la laitue ou des céréales, lesquelles, en peu de temps produisaient des pousses vertes et même des tiges élevées.

La résurrection d'Osiris est le type de la résurrection ou de la régénération de l'homme. C'est pour cela que dans le *rituel funéraire* sont reproduites les lamentations d'Isis et de Nephtis et leurs prières pour obtenir la résurrection d'Osiris, ainsi que celle du défunt qui est assimilé à Osiris.

« Viens en ta demeure, ô excellent souverain, disent les deux sœurs qui personnifient l'Église sous deux aspects, tes ennemis ne sont plus ; regarde-moi, je suis ta sœur qui t'aime, mon cœur est plein d'amertume, mes yeux te cherchent, viens à moi qui t'aime, viens vers ton épouse, viens à nous pour répandre les eaux sur notre âme, pour distribuer le pain de ton être, pour que les esprits puissent vivre, etc. »

On représente Isis et sa sœur réunissant les quatorze morceaux du corps d'Osiris pour en former l'enfant Horus, c'est-à-dire une nouvelle Église, un homme nouveau.

Cette belle figure d'Isis dans son rôle de mère, était le symbole de la renaissance spirituelle promise aux défunts. Le Dieu du mal a été terrassé, le Dieu qui illumine l'Orient vient de naître. L'âme entre en possession des facultés éternelles.

La belle figure d'Isis réchauffant de ses ailes l'Osiris qui va renaître ou pressant sur son sein Horus qu'elle allaite, doit être considérée comme l'image de l'Église à laquelle l'homme régénéré par la vérité doit sa renaissance spirituelle.

Osiris renaît sous la forme d'Horus, auquel est consacrée la plus belle des constellations, Orion, tandis qu'on place Typhon dans la grande Ourse (qui correspond au degré naturel). Le lion, symbole du soleil, est consacré à Horus, et les obélisques, emblêmes des rayons du soleil, lui sont dédiés. L'épervier lui était aussi consacré.

Horus s'appelait aussi Oureiris, on doit signaler la ressemblance de son nom avec les noms d'Aurora, d'Azor.

Harpocrate était Horus enfant ou l'homme dans sa période de réformation ; Horus devenu grand et foulant aux pieds les crocodiles, représentait l'homme régénéré qui a triomphé des erreurs et des maux.

La racine du nom d'Horus se retrouve dans les noms du héros, fils de Dieu ou enfant de Dieu, qui triomphe des faiblesses de l'humanité, Hercule, Persée, etc.

On a souvent identifié Horus avec Thoth ou Hermès à tête d'ibis. L'épervier d'Horus, l'ibis de Thoth, n'ont-ils pas la même signification que l'oiseau qui représente le Saint-Esprit chez les Chrétiens.

A côté de la triade d'Osiris, Isis, Horus, on en trouve une autre : Sokaris, Nephtis, Thoth. C'est toujours le Dieu unique, avec ses trois attributs, se manifestant dans des sphères différentes.

Anubis à tête de chien est un dédoublement de Thoth,

il préside avec lui à l'ensevelissement. Hermès Anubis guide les âmes dans l'autre vie ; on lui a consacré Sirius la plus brillante des étoiles fixes.

§ V. — *Du culte d'Apis.*

Le taureau était dédié à Osiris comme la vache à Isis. De même chez les Cananéens, Astarté était représentée sous la forme d'une vache, et Moloch sous celle d'un taureau.

Le taureau Apis en Égypte, dit Plutarque, est l'image vivante d'Osiris. Strabon dit qu'Apis est le même qu'Osiris [1].

[1] Il serait peut-être plus exact de dire qu'Apis ou le jeune taureau est le même qu'Horus, lequel n'est d'ailleurs qu'Osiris revivifié.

Dans les textes hiéroglyphiques Apis est nommé l'incarnation d'Osiris, le revivifié, le fils de Phtah.

M. Mariette a publié en 1856 un *Mémoire sur la mère d'Apis* où il attache une importance très-grande à une représentation du Serapeum où une déesse à tête de vache est assise derrière le taureau Apis.

D'après M. Mariette cette figure ne représente pas l'une des sept vaches, épouses d'Apis, mais sa mère. Après avoir rappelé le passage d'Hérodote : « Apis, appelé aussi Epaphus, est un jeune bœuf; les Égyptiens disent qu'un éclair descend sur sa mère, et que de cet éclair elle conçoit le bœuf Apis. » M. Mariette prétend que le bœuf Apis pour les Egyptiens était le verbe du Dieu suprême fait chair. Puis l'auteur s'arrête à cette conclusion qu'on doit assimiler la doctrine chrétienne de l'incarnation du verbe divin au dogme de l'incarnation d'Osiris ou du Dieu suprême dans Apis. « Plusieurs écoles philosophiques célèbres, dit-il, n'eurent pas en vain pour foyer l'une des capitales de l'Égypte. »

M. Mariette attache trop d'importance à cette représentation du Serapeum. Le taureau, fils d'Isis, qui est placé derrière lui, n'est autre qu'Horus qui, étant l'incarnation d'Osiris, revêt ses

Dans la chambre du Serapeum où fut placé le plus ancien des Apis, on voit le roi Amenophis faisant au taureau divin l'offrande de l'encens.

Le culte d'Apis commença donc environ 1700 ans avant Jésus-Christ. Ce culte caractérise la totale perversion de l'ancienne Église en Égypte, qui fut le motif pour lequel Israël reçut l'ordre de sortir d'Égypte pour aller fonder une nouvelle Église.

Le culte d'Apis n'est autre que le culte du veau d'or défendu à Israël comme une abominable profanation.

Sous les Ptolémées, Serapis, qui était à la fois, d'après Saint-Clément d'Alexandrie, Osiris et Apis, s'empara de toutes les attributions d'Osiris et fut adoré à sa place.

Serapis finit par ressembler beaucoup au Jupiter des Latins.

symboles ; par suite Horus est représenté comme Osiris sous la figure d'un taureau.

Nous ne voyons pas dans cette représentation autre chose que ce qui est signifié par les deux figures réunies d'Isis et d'Horus.

Il ne faut pas oublier non plus qu'à l'époque où commença le culte des Apis, la doctrine primitive des prêtres Égyptiens devait être complètement altérée ou perdue ; on ne doit donc étudier qu'avec une grande circonspection les représentations de cette époque de décadence.

CHAPITRE III

Doctrine des Egyptiens sur la vie après la mort. Rites funéraires.

Diodore de Sicile dit que les Égyptiens regardaient le temps qui s'écoulait pendant leur vie terrestre comme peu de chose ; aussi ils appelaient leurs maisons des hotelleries, et les construisaient petites, en bois ou en brique, mais ils mettaient une grande magnificence dans leurs sépultures. « L'immortalité de l'âme, dit Mariette, est au fond de toutes les doctrines des Égyptiens. »

Leurs tombeaux se composaient presque toujours de trois parties, une chapelle extérieure, un puits perpendiculaire souvent très-profond et un caveau souterrain.

Les peintures dans les tombeaux montrent le défunt au milieu de sa famille, labourant, semant, se livrant à la pêche, à la chasse, occupé de sacrifices ou de processions, enfin ayant les mêmes occupations que pendant sa vie sur la terre. Il est évident que pour eux *l'amenti* comme *l'hadès* pour les grecs, était un séjour ou plutôt un état dans lequel les âmes des morts vivaient dans une parfaite forme humaine, ayant sous les yeux les mêmes aspects que dans le monde terrestre.

Les chambres funéraires les plus anciennes, celles de la nécropole de Sakkarah, offrent comme représentations de la vie après la mort les scènes les plus riantes. Le défunt entend de la musique, voit des danses de femmes, il inspecte ses propriétés, personnifiées par des figurines. La distinction entre la vie terrestre est à peine sensible [1].

Les tombeaux de l'ancien empire se distinguent par la simplicité et la grandeur. Dans l'intérieur est un sarcophage rectangulaire renfermant un cercueil en bois à face humaine, avec le nom et les titres du défunt. Le corps qui a pour linceul un drap est devenu un squelette qui tombe en poussière au contact de l'air. Près de ce corps, il n'y a nulle amulette ni figurine de divinité. Le seul emblème funéraire est le scarabée qui est au petit doigt.

Devant les tables à libations, fréquentes à cette époque, sont les stèles, vraies épitaphes, et les statues du défunt. Ces statues sont quelquefois cachées dans le massif de la maçonnerie.

Dans les tombeaux de l'ancien empire, on ne trouve pas le rituel funéraire qui n'apparaît dans les tombeaux, sur les murs ou sur un papyrus renfermé dans la momie, qu'à la vingt-sixième dynastie ; alors apparaissent aussi les images de divinités jusqu'alors si rares.

Les plus anciennes momies ne remontent pas plus haut que l'époque comprise entre la dix-huitième et la vingt-unième dynastie. Ces momies, surtout celles d'ani-

[1] Les mêmes représentations des scènes de la vie après la mort se retrouvent sur d'innombrables vases funéraires étrusques, grecs.

maux, sont le signe de la dégénérescence de la très-ancienne religion.

En même temps que les momies, se trouvent les généalogies inconnues dans l'ancien empire. Sur les stèles on voit peu à peu venir la représentation du défunt recevant les offrandes de ses parents agenouillés, qui lui présentent l'encens et le vin; les hommages dus à la divinité sont rendus aux hommes morts.

Les rois s'introduisent au nombre des divinités.

Le soin avec lequel les Égyptiens construisaient et embellissaient les tombeaux, avait pour but de fixer la pensée de tous sur la vie après la mort, et d'inculquer la conviction que la personnalité humaine persiste après la mort du corps matériel, et que l'âme, quoique de substance spirituelle, vit dans l'autre monde sous parfaite forme humaine. Voilà l'idée vraie qui faisait que les Égyptiens comme les Chinois n'attachaient à la mort aucune idée lugubre.

L'idée fausse qui finit par tout dominer dans les rites funéraires, et qui apparait, il y a 1700 à 1800 ans avant Jésus-Christ, sous la dix-huitième dynastie, c'est que l'âme ne peut jouir de la félicité éternelle qu'en se réunissant au corps dont elle était revêtue sur la terre.

La coutume de transformer les cadavres en momies était fondée sur l'idée que l'âme au jour de sa résurrection devait retrouver son corps tel qu'il était sur la terre. De là les soins extraordinaires pris pour la conservation du corps.

Pour préparer une momie on faisait une incision au côté gauche pour ôter les parties intérieures, on plaçait le cerveau, oté par le nez, dans un vase à tête d'homme, le foie dans un vase à tête de chacal, le cœur dans un vase à tête d'épervier, et les intestins dans un vase à tête de cynocéphale, ou on les jetait dans le Nil.

On couvrait le visage de la momie d'un masque en or, et on la renfermait dans un coffre en bois ou en carton peint ayant la ressemblance du défunt. On plaçait debout, contre le mur, la momie emmaillotée, qui était alors comme un enfant prêt pour une seconde naissance.

Sur la poitrine du défunt on plaçait souvent un scarabée. En dehors de la boite, était peinte une déesse, étendant ses ailes comme pour protéger le défunt. Dans la tombe on plaçait des bijoux, des vases, des papyrus.

Ces soins pris pour la conservation des momies, quoique fondés sur une idée fausse, confirmaient les Égyptiens dans la croyance que l'âme après la mort vit et agit avec un corps semblable à celui qu'elle avait sur la terre. Sans cette existence avec un corps ayant des formes, des organes semblables à ceux que nous avons sur la terre, on ne peut concevoir la permanence de l'âme, et par suite on n'y croit point. Dans les temps primitifs on savait que le corps dans l'autre vie est spirituel, non matériel ; quoiqu'ayant laissé s'obscurcir cette notion, les Égyptiens croyaient toujours que l'âme après la mort vit sous forme humaine ; de là provenait la sérénité avec laquelle ils pensaient à la mort.

Les Égyptiens comme les Chinois, qui s'envoient des cercueils comme présents, attachaient à la pensée de l'autre vie des idées de bonheur et de plaisir ; ils appelaient le monde où sont les âmes des morts la terre des vivants, et lorsqu'ils recevaient un hôte, ils plaçaient sur la table, devant lui, une momie.

M. Chabas observe qu'on ne trouve dans la langue Égyptienne aucun mot qui correspond au mot grec *Dai-*

mon, esprit, génie, ange. L'ibis, ou le groupe de trois oies, signifient l'âme humaine, et ne désigne jamais des êtres intermédiaires entre Dieu et l'homme ; un épervier qui étend les ailes est un signe de la délivrance de l'âme. On peut en conclure que les Égyptiens admettaient qu'il n'y avait pas d'autres esprits ni anges que les âmes des hommes morts.

Dans les convois funéraires, on portait des offrandes, et la barque sacrée sur laquelle était peint l'œil mystérieux d'Osiris, emblême de la divine Providence, qui voit toutes les pensées et actions d'un homme et le juge d'après ses œuvres ; on portait aussi ces petites poteries, le plus souvent bleues, qui représentent le défunt sous la forme d'Osiris, et l'oiseau, qui a quelquefois une tête humaine, emblême de l'âme. Le convoi traversait un lac qui existait dans les grandes villes, on donnait une pièce d'or au nautonnier de la barque sacrée ; cette pièce d'or représentait le bien ou la bonne œuvre qui gagne la faveur d'Horus.

Horus, d'où est venu Charon, est identique avec Thoth ou Hermès, conducteur des âmes.

On portait aussi un gâteau pour le hideux animal prototype de Cerbère, qui gardait les approches de la maison d'Osiris et qui dévorait les méchants. Ce gâteau représentait les bonnes œuvres qui sauve les âmes du supplice de l'autre vie.

Les prêtres répandaient de l'eau lustrale et récitaient des prières où il était question de la lutte d'Osiris contre Typhon, image de la lutte du défunt contre le mal et le faux.

Le *rituel funéraire* ou *livre des morts*, lu par les prêtres, nous a été conservé parce qu'on le plaçait plus ou moins complet dans les tombes.

Ce rituel, dont le nom Égyptien était ; *le livre de la manifestation à la lumière*, est un document précieux, à cause de l'antiquité de quelques unes de ses parties. On en a trouvé plusieurs chapitres dans des monuments antérieurs aux rois Pasteurs.

Ce rituel funéraire renferme le récit des pérégrinations de l'âme après la mort. Le défunt conduit par Anubis, apparaît d'abord calme et serein, puis il est représenté subissant diverses épreuves ; il combat contre des animaux fantastiques, crocodiles, vipères, ânes, qui personnifient les maux de toute espèce.

Après avoir traversé plusieurs portes, l'Osiridien ou enfant d'Osiris arrive à une région où il se livre aux travaux des champs ou à ses occupations ordinaires, enfin il franchit les portes du Ker ou enceinte sacrée et dans cette sphère lumineuse, il adore Osiris sous la forme du soleil. « Salut à toi, s'écrie-t-il, quand tu te lèves dans la montagne sainte sous la forme de Ra, et que tu te couches sous la forme de Ma ; accorde que j'arrive au pays de l'éternité, et à la région de ceux qui sont approuvés (justifiés), que je me réunisse aux beaux et sages esprits de Kernetar. »

Après avoir subi une série de transformations et s'être changé successivement en épervier, en hirondelle, en lotus, en crocodile etc., le défunt revêt un corps, image de celui qu'il avait sur la terre, et arrive sur les bords du fleuve ou du lac qui le sépare de ce que les grecs ont appelé les Champs Élysées.

Le batelier divin fait subir un premier interrogatoire au défunt qui entre dans la vallée de Ballot, puis après avoir été conduit par Anubis à travers le labyrinthe, il comparait devant le tribunal où siége Osiris avec quarante-deux assesseurs, rangés en demi-cercle de l'autre côté du lac. Chacun de ces juges est chargé de prononcer sur un délit particulier.

Le défunt fait alors ce que Champollion appelle une confession négative : « Je n'ai pas blasphémé, dit le mort, je n'ai pas volé, je n'ai pas tué, je n'ai pas été cruel ni paresseux, je n'ai pas médit, je n'ai pas rongé mon cœur d'envie, je n'ai pas fait de mal à mon esclave. Je n'ai pas menti, je n'ai pas manifesté d'orgueil, je n'ai fait souffrir la faim ni la soif à personne, je n'ai fait pleurer personne. »

Quelquefois la confession prend une autre forme : « O Seigneur, laisse-moi entrer parmi ton peuple pour toujours..... Je n'ai pas tué, volé ni fraudé, j'ai fait aux Dieux les offrandes dues ; j'ai donné à manger à celui qui avait faim, j'ai donné à boire à celui qui avait soif, j'ai vêtu ceux qui étaient nus, ô Seigneur, j'ai aimé tes serviteurs. »

Le défunt est quelquefois représenté comparaissant devant Osiris. Devant lui est une balance, un Dieu à tête de chien place dans l'un des plateaux le cœur du défunt ou un vase d'argile, symbole des œuvres du défunt [1]. Dans l'autre plateau est placée l'image de la déesse Thmei qui personnifie la vérité ou la justice. L'âme est ainsi jugée d'après la loi ou règle qu'elle a connue. Thoth tient une tablette sur laquelle il inscrit le résultat de la pesée.

Si le jugement est favorable au mort, Osiris prononce le jugement en disant : Son cœur est à sa place, ou il a aimé ce qu'il devait aimer, et l'attire à lui avec son croc ; s'il est condamné, il est livré à un animal mons-

[1] Anubis, fils d'Osiris et de Nephtis représente le bien dans le plus bas degré ou dans les sens ; ce bien garde l'Eglise contre les maux, c'est pour cela qu'Anubis a une tête de chien.

trueux, type du cerbère des Grecs, et nommée *la dévoratrice de l'Occident* ou la directrice de l'enfer, ou le Dieu Oms.

On voit sur les papyrus, des morts plongés dans des gouffres de feu, où ils sont tourmentés par des bourreaux féminins à tête de lionne, qui vivent *des cris des impies et de leurs rugissements*, analogues aux furies grecques.

D'un autre côté l'âme, qui s'est assimilée à Osiris, qui a vaincu le mal, l'Osiris comme on l'appelle, qui est descendu dans la région inférieure ou l'enfer comme Osiris mort, ressuscite comme lui, comme le soleil levant Horus.

L'élu est reçu par la déesse Athor qui l'instruit et lui présente les fruits ou l'ambroisie des Dieux, ainsi qu'une eau bienfaisante.

Le défunt qui s'est conjoint à Dieu, s'appelle Khou, l'illuminé, ou celui qui a reçu la lumière.

L'expression *Ma-Ker* qu'on a traduit l'élu, le justifié, veut dire littéralement le véridique, celui qui fait la vérité, qui la met en pratique.

Les grecs Alexandrins ont mis au début des livres qu'ils ont donnés comme traduits des antiques écrits de l'Égypte, un dialogue qui rappelle celui qui est dans cette partie du rituel, dialogue qui en est le plus beau passage, avec l'invocation au soleil, manifestation *de l'être existant par lui-même, du Seigneur d'éternité, unique, universel, créateur du ciel et de tout ce qui existe, père... de l'être beau, dont la parole est la vérité*.

Les quatre régions du monde spirituel sont représentées par les quatre génies de l'Amenti.

Quant au dogme de la transmigration des âmes dans

des corps d'hommes ou d'animaux sur cette terre, qu'on a attribué aux Égyptiens, il n'y en a pas trace dans les textes hiéroglyphiques, sauf peut-être dans *le livre des migrations*, qui se trouve dans les tombes des derniers temps.

Et encore il est probable que l'on a pris pour des migrations sur le globe terrestre, des épreuves, des allées et venues qui ont lieu dans le monde spirituel. La même observation peut s'appliquer à la religion des Gaulois et des Indiens.

Lorsque le *rituel funéraire* dit que l'âme a été transformée en serpent, en porc, en agneau, en hirondelle, cela signifie qu'elle a revêtu les *états spirituels* qui correspondent à ces animaux. Dans la langue populaire, on dit d'un homme cruel, c'est un tigre ; d'un glouton, c'est un cochon ; d'un fourbe, c'est une vipère. Dans les psaumes, l'âme pénitente confessant ses fautes au Seigneur dit : Je suis comme une bête devant toi.

Lorsque l'âme subit les tentations et succombe, elle semble revêtir l'apparence de l'animal qui correspond au vice qui l'a dominée. Le mythe des compagnons d'Ulysse, transformés en pourceaux, a cette signification.

L'âme traversant des états intermédiaires entre le bien et le mal, revêt l'apparence de l'inoffensive hirondelle, du lotus.

Mais quand elle est devenue comme semblable à Osiris par la subjugation des maux et des faux, elle revêt la parfaite forme humaine qui est celle de Dieu lui-même.

Les Égyptiens rendaient de grands honneurs à leurs parents décédés, ils croyaient que les âmes parvenues à la félicité éternelle exerçent une bienfaisante influence sur les parents, les amis qu'elles ont laissés dans le monde, surtout si ceux-ci restent unis aux défunts par les liens de l'affection, de la reconnaissance, par le souvenir des morts soigneusement entretenu. Pour cela, les Égyptiens célébraient, surtout dans leur culte domestique et dans leurs tombeaux de famille, des rites qui avaient pour but d'entretenir ces liens entre les vivants et les morts en ravivant le souvenir de ces derniers.

Dans les tombes monumentales, il y avait une chapelle orientée à l'est, et là une stèle colossale au pied de laquelle une table, à plat sur le sol, recevait les offrandes.

Les parents venaient à certains jours présenter ces offrandes qui consistaient en aliments de toute espèce.

A Rome, aux fêtes dite *Parentalia*, des offrandes de même nature étaient présentées aux pénates ou manes des ancêtres. Dans ces rites funéraires, les libations étaient fréquentes.

Les lithuaniens ont conservé jusqu'à nos jours la coutume des repas offerts aux morts.

Cette coutume dégénéra chez les Égyptiens en adoration des hommes morts, car on leur faisait des sacrifices comme aux Dieux.

Les rites en l'honneur et en souvenir des parents consistent, chez les nations modernes, à orner leurs tombeaux de fleurs, et à prier pour eux.

Les représentations du jugement de l'âme sont innombrables sur les monuments Égyptiens, les stèles, les papyrus. Les détails varient sans cesse.

L'âme est généralement symbolisée par un oiseau à tête humaine. Les paroles du défunt pendant sa vie sont représentées par une bouche et ses actions par une paire d'yeux.

Parmi les divinités qui président au jugement de l'âme, les unes comme Hermès, Anubis, représentent la vérité ou la justice divine, d'autres, comme le scarabée à tête de bélier, ayant l'uréus et la croix ansée, ou la déesse Sati, reine bienfaisante, représentent la miséricorde divine, l'amour divin qui veut sauver tous les hommes.

Les Anubis à tête de chien, avec un fléau, figurent les vérités, les préceptes divins, selon lesquels chacun est jugé, ils sont comme des gardiens à l'entrée de l'amenti qui ne laissent entrer que ceux qui ont le droit d'entrer.

Les cynocéphales ou génies à tête de chien, de chacal, représentent aussi les tentations suscitées par les maux, les erreurs ou les épreuves par lesquelles l'âme humaine est reformée et régénérée.

Le nilomètre, la colonne de stabilité que l'on voit dans les scènes de jugement, représentent aussi les vérités selon lesquelles l'âme humaine est jugée par la justice divine.

On voit aussi des âmes se présentant avec une palme qu'ils serrent sur leur poitrine [1].

[1] Osiris a toujours à la main un fouet, symbole de la punition qu'il inflige à l'âme pécheresse, et le crochet par lequel il attire à lui l'âme des justes. A côté de lui est souvent la hache, signe de puissance et marquant l'idée générale de divinité.

Voir ces scènes de jugement des âmes dans les planches de l'ouvrage de Creuzer et dans le grand ouvrage de Denon.

CHAPITRE IV

Du culte et des monuments religieux chez les Égyptiens.

§ I. — *Des temples, des pyramides, obélisques, sphinx.*

Dans les temps primitifs, lorsqu'on voulait adorer le créateur, on se réunissait en plein air ; on le voit par les livres sacrés des Hindous et des Persans, il en était de même chez les Égyptiens et même chez les Grecs, car leurs temples n'étaient pas assez grands pour renfermer d'autres personnes que les prêtres. C'étaient des sanctuaires pour certains rites réservés aux initiés, et des magasins pour les objets sacrés que l'on promenait en procession jusqu'aux limites de l'enceinte sacrée.

Les grands temples construits par les rois Égyptiens conquérants, datent d'une époque où l'on s'était déjà grandement écarté de la pureté de la religion primitive.

Dans les plus anciens monuments de l'Égypte, par exemple dans la nécropole de Sakkara, près de Memphis, il y a absence de représentations ou images religieuses. On a voulu inferer de ce fait que les Égyptiens primitifs n'avaient pas de religion ; il est plus légitime d'en conclure que les premiers Égyptiens avaient une religion plus pure que leurs successeurs. Leur culte était semblable à celui des peuples primitifs de l'Asie et consistait en prières et offrandes ou sacrifices en plein air, surtout au lever et au coucher du soleil.

Les trois célèbres pyramides de Giseh, indiquent et limitent une enceinte sacrée. Ces pyramides sont situées sur un rocher élevé entre Memphis et le delta du Nil.

Les trois pyramides sont à l'ouest ; la plus ancienne est sur une pointe saillante au nord. Les deux autres sont dans la direction du nord au sud ; toutes deux de plus en plus en retrait vers l'ouest, sont disposées comme les cases d'un damier se touchant par leur angle : un fossé creusé dans le roc entoure chacune d'elles, il faut un quart d'heure pour faire le tour de la grande pyramide, celle du nord, en marchant vite.

Le grand sphinx est à 600 mètres au levant de la seconde pyramide, avec la face vers l'est et à une petite distance de la corniche du rocher.

La forme pyramidale se retrouve dans tous les temples de l'Inde dédiés à Mahadeva, au grand Dieu, ainsi que dans les temples de la Chine.

En somme, les trois grandes pyramides à l'ouest et au nord, la pyramide de Sakkara au midi et le grand sphinx, ainsi qu'un petit temple, à l'Orient de la deuxième pyramide, semblent être les limites d'une enceinte sacrée où pouvait se réunir une grande assemblée pour adorer le Dieu unique au moment où le soleil, considéré comme sa manifestation, apparaissait le matin.

Ce fut là qu'on plaça plus tard le Serapeum. Le mot Égyptien Kher signifiait enceinte sacrée ou quartier funéraire ; nous retrouvons ces deux idées réunies dans presque toutes les religions.

La racine Kher se retrouve dans le nom de la pyramide de Sakkara, le plus ancien monument qui soit dans le monde. C'est une pyramide à six degrés, en retrait l'un sur l'autre, comme les tours solaires d'Assyrie, de Chine, il n'y a pas de tombeau dans cette pyramide, ce qui est un fait capital.

Les grandes pyramides sont des tombeaux, parce que les anciens rois ont voulu employer à la satisfaction de leur orgueil, ces monuments qui avaient primitivement une autre destination qui se rattachait certainement au culte qui se célébrait au soleil levant. Leur orientation qui est parfaite prouve qu'elles étaient en rapport avec le culte du soleil ; la barque solaire est gravée sur elles, et les pyramides votives qui sont dans les musées portent des invocations au soleil levant et au soleil couchant.

Le grand sphinx, qui est au sud-est des pyramides de Giséh était primitivement un grand rocher au milieu des sables ; sa présence en ce lieu fut probablement la cause pour laquelle on en fit une enceinte sacrée ; il ne fut sculpté qu'à une époque postérieure aux pyramides et par flatterie on lui donna la tête d'un roi ; il porte ces mots : c'est Horus ou le soleil.

Dans les derniers temps, ce sphinx était donc adoré comme étant une image du soleil ; sur une stèle on voit Rhamsès II adorant un Dieu en sphinx, appelé Har-m-akha, ou le soleil levant ; il lui présente de l'encens allumé et des libations.

Osiris, ou Horus, ou le Dieu du soleil, était aussi adoré sous la figure d'un homme ayant la tête d'un épervier [1].

C'est l'orgueil des despotes qui a fait des pyramides des monuments funéraires. La plus ancienne de toutes, la pyramide de Sakkarah, qui remonte à la première dynastie, 6,000 à 7,000 ans avant Jésus-Christ, n'est pas la tombe d'un roi. Ce n'est que très-longtemps après sa construction qu'on a creusé des caveaux funéraires au-dessous ; selon Mariette, la masse de la pyramide est pleine, tandis que les grandes ont toutes à la face nord un passage qui conduit à des chambres intérieures. La pyramide de Sakkarah n'est pas orientée comme les grandes pyramides, elle a six ou plutôt sept degrés.

Dans les temps primitifs, la pyramide était avant tout un emblème, un symbole religieux. Pour connaître la signification de cet emblème, il faut se rappeler que tous les peuples anciens ont associé l'idée de Dieu avec l'idée de montagne, de colline, de haut lieu. Le mont Merou dans les Indes, le mont Hermon en Asie, l'Olympe en Grèce, étaient l'objet d'un culte comme représentant la divinité. On croyait que la divinité habitait sur les sommets et il n'est pas étonnant que dans un pays de plaine comme l'Egypte, on ait élevé des montagnes artificielles

[1] Le père Charlevoix dit que les Indiens de l'Amérique du nord se représentaient le soleil comme un grand oiseau, un aigle. Chaque matin, le chef ou le père de famille au lever du soleil, sortait de sa hutte et s'inclinait vers la terre trois fois en poussant un cri particulier. Les guerriers présentaient au grand esprit, comme offrandes, leurs armes, leurs femmes, leurs enfants, ainsi que des corbeilles de grains, et lui adressaient des prières.

Sur toute la terre, les peuples primitifs ont adoré Dieu devant le soleil levant, qui était son emblème, sa manifestation la plus éclatante ; mais la plupart des hommes ont fini par adorer l'emblème au lieu de l'être suprême qu'il représentait.

pour en faire le centre de la principale des enceintes sacrées du pays.

D'après Pausanias, Jupiter était adoré sous la forme d'une pyramide.

D'un autre côté, ces monticules faits de mains d'hommes, ainsi que les montagnes naturelles, étaient comme de gigantesques autels. « L'autel, était le représentatif le plus saint du culte chez les peuples très-anciens. » *Swedenborg*.

Presque tous les monuments religieux en Asie affectent cette forme pyramidale, depuis le simple autel de gazon à trois degrés jusqu'aux temples grandioses de l'Inde et de la Chine. Le kremlin en Russie affecte même cette forme.

Les habitants actuels de l'Égypte appellent en Arabe les pyramides *heram*, lieu consacré à Dieu. De là, par abus, est venu le mot harem, lieu interdit, sacré.

La destination que nous attribuons aux pyramides, peut très-bien se concilier avec la destination funéraire qu'on leur attribue généralement. Rien ne s'explique mieux, rien n'est plus logique que cette association de la vie à venir, réveillée par la vue d'un tombeau, avec l'idée de Dieu, dont le haut lieu était le symbole.

Les pyramides et les obélisques, comme les montagnes et les rochers, dans les temps primitifs, représentaient la divinité et par suite étaient en rapport avec le culte du soleil, puisque ce culte n'était que l'adoration du Dieu unique se manifestant par le soleil. Sur certaines représentations on voit un homme à genoux, élevant les mains vers un obélisque, en signe d'adoration. Les inscriptions de l'ancien empire parlent souvent de monuments sacrés formés d'une petite pyramide surmontée d'un obélisque, au-dessus duquel est suspendu le globe, emblême du soleil.

Les rochers coniques, les pierres dressées en tout pays, ont été consacrés pour servir de signes, de symboles, représentant la divinité et rappelant l'obligation de lui rendre un culte, mais cet emploi des pierres dans le culte a dégénéré bien vite en idolâtrie, parce qu'on a adoré le signe au lieu de la chose signifiée.

Les pyramides semblent avoir représenté plus particulièrement la sagesse divine ou le vrai, et les obélisques le divin amour ou le divin bien, les pyramides étaient plus larges que hautes, c'était le contraire pour les obélisques. D'après la science des correspondances ou des symboles, la hauteur correspond au bien et la largeur au vrai.

Le plus grand des obélisques, celui de Karnak a 100 pieds de haut ; étant revêtus de cuivre, ils devaient être d'un effet éblouissant, et mériter le nom qu'un latin leur a donné : *solis radius*. La flamme n'affecte-t-elle pas la forme d'un cône.

L'obélisque ou le simple pilier de pierre ou de bois qui primitivement représentait la divinité, avait à peu près la même signification que le Phallus d'Ammon générateur, ou créateur, ou de l'amour divin qui a tout créé.

Dans une série d'objets placés dans une vitrine du Louvre, on voit l'obélisque passer insensiblement de sa forme ordinaire à celle du Phallus.

Les sphinx Égyptiens, comme les griffons de Perse, les lions de Mycène, les taureaux Assyriens, étaient placés à la porte des temples, à la garde desquels ils semblaient préposés ; ils ont beaucoup d'analogie avec les chérubins de la Bible.

Les auteurs, qui ont vu un sens symbolique dans tous les détails des monuments Égyptiens, comme Swedenborg, disent que les sphinx ou chérubins représentent la providence du Seigneur, pour que l'homme n'entre pas par lui-même dans les mystères de la foi, et sans être préparé à la réception de la vérité.

La présence du sphinx à l'entrée des temples, rappelait aussi aux initiés que les doctrines secrètes qu'on leur avait fait connaître ne devaient pas être livrées imprudemment aux profanes, et qu'on devait se préparer à la connaissance de ces arcanes en purifiant sa vie et en se défiant de sa propre intelligence.

§ II. — *Des formes du culte chez les Égyptiens.*

Les rites sacrés des Égyptiens différaient beaucoup de ceux des Grecs et des Romains. « Les Égyptiens, dit Alexander ab Alexandro, apaisaient les Dieux, non avec des sacrifices sanglants, mais avec de l'encens et des prières. » Ils n'immolèrent des bêtes que dans les derniers temps.

Hérodote dit que leurs sacrifices commençaient par une libation de vin ou de bière ; ils se servaient pour cela d'une sorte de pochon ; ceux qui entraient au temple se purifiaient en se lavant les mains et en s'aspergeant d'eau lustrale.

Les Égyptiens, conservant fidèlement le rite des temps les plus anciens, présentaient à la divinité le sacrifice ou l'offrande du feu, sous la forme de l'encens allumé dans un petit fourneau emmanché, que l'on tenait à la main, ils avaient aussi dans leurs temples des lampes où ils entretenaient un feu perpétuel comme *très-semblable à Dieu*, ils avaient aussi des fêtes où ils parcouraient tout le pays avec des lampes brûlantes ou des torches.

L'une des scènes, représentées le plus souvent dans les temples, est un roi ou un prêtre offrant l'encens et des libations d'eau, de vin, d'huile. Cette huile est dans un petit vase, et avec le petit doigt on en prenait un peu pour oindre la statue du Dieu.

On offrait des gâteaux ronds, ovales, triangulaires; à la fête d'Hermès, on mangeait du miel et des figues, en se disant les uns aux autres : combien est douce la vérité.

Dans l'île de Philæ, sur le tombeau d'Osiris, on offrait chaque jour 360 coupes de lait.

On plaçait sur l'autel ou la table d'offrande des couronnes ou guirlandes de fleurs ; les plus utiles étaient préférées aux plus belles ; il en était de même des fruits, à côté des raisins, des figues dans des paniers, on voit des chaînes d'oignons, des courges.

On offrait aussi des tentures, des bijoux d'or, d'argent, des statuettes symboliques. Plus tard on offrit des animaux dont le sang devait couler sur l'autel et sur la terre.

Il n'y avait point dans le temple de statue apparente, mais seulement un naos ou arche, sorte de châsse qui cachait au vulgaire la vue du symbole divin, le plus souvent un homme avec une tête de bélier ; « les Égyptiens, dit Vilkinson, donnaient à Ammon-Ra la forme humaine. »

Ce naos ou cette châsse, était renfermé dans des barques sacrées en or ou en argent ou en bois précieux qu'on promenait à certaines dates.

Les Égyptiens aimaient les processions, les pompes religieuses, dans lesquelles figuraient les rois, les reines.

les femmes faisaient de la musique. La harpe, presque semblable à la nôtre, était spécialement destinée au culte, on se servait aussi de la flûte, connue de toute antiquité, de la lyre, sorte de violon, des trompettes, des tambourins, surtout pour les danses.

Le sistre était l'instrument sacré par excellence, comme la petite clochette ou le timbre dans le culte catholique.

Dans les hymnes ou prières, l'adoration s'adresse surtout au dieu Ra ou Phré, c'est-à-dire au Dieu unique dans sa manifestation la plus saisissante, le soleil levant, dont la chaleur et la lumière vivifient le monde naturel comme l'amour et la sagesse divine vivifient le monde spirituel.

Prière de Thotmès III : Ammon-Ra, seigneur des cieux, donne à tous la vie, comme le soleil.

Autre prière : Ra, dans ton rayonnement matinal, Atoum, dans ton coucher, j'adore ta divinité sous ses noms divers.

Ra ou Horus est représenté sur les stèles sous la forme d'un épervier aux ailes déployées.

Les monuments d'Égypte sont couverts d'inscriptions où les rois conquérants font hommage à la triade de Thèbes, des offrandes les plus fastueuses.

Nous aimons mieux transcrire ici la prière d'un pauvre homme :

« Oh ! Amoun, incline ton oreille vers celui qui est seul devant toi, il est pauvre, la cour l'opprime... il n'y a pas un autre que toi, Amoun, pour juger, pour délivrer quelqu'un de la misère. Tu es celui qui donne du pain à celui qui n'en a point... Viens à moi, Horus... écoute mes humbles supplications, mes adorations la nuit, mes cris de terreur... ne me reproche pas mes péchés, je suis faible de corps, etc. (*Records of the past times*, VI, 97.)

Dans la prière d'un prêtre au temps d'Alexandre-le-Grand, il est dit : O Seigneur, roi des deux mondes, toi dont l'œil droit est le soleil, dont l'œil gauche est la lune, vivifie toutes les créatures.

§ III. — *Du sacerdoce chez les Égyptiens.*

Dans les temps primitifs, chaque père de famille était prêtre, et même lorsque les ministres du culte eurent formé une caste, cette caste n'était pas entièrement fermée en Égypte. Le roi fut presque toujours à la tête de la hiérarchie sacerdotale.

Dans les derniers temps, les prêtres s'emparèrent du pouvoir royal ; ce fut comme toujours une cause de décadence pour le pays qui devint une proie facile pour tous les conquérants.

Les prêtres sont représentés portant une peau de panthère sur l'épaule, en souvenir probablement des temps primitifs où les hommes s'habillaient de peaux de bêtes. Pour le même motif ils employaient des couteaux de silex pour la circoncision, les embaumements.

Sous les derniers rois, les prêtres, comme tous les hommes d'un rang élevé, se rasaient les cheveux et tous les poils. La coutume de porter des perruques, générale chez les Égyptiens, faisait qu'ils avaient en horreur les longues barbes et les longues chevelures des Grecs, qui avaient conservé, avec raison, la coutume des temps primitifs.

En général, les inscriptions et les représentations figurées sont d'un temps où l'Égypte était déjà tombée dans la magie et l'idolâtrie. Ainsi on trouve des hymnes adressés au Pharaon comme étant Dieu lui-même. Aussi ces monuments ne donnent qu'une idée très-vague et souvent fausse de la religion qui avait fait la grandeur de l'Égypte dans les temps primitifs.

§ IV. — *Du baptême ou des lustrations en Égypte.*

Parmi les rites religieux qui sont figurés sur les monuments ou sur les papyrus, il en est un que l'on appelle le baptême Égyptien.

Voir planches de Creuzer, de Portal.

L'initié ou l'homme régénéré est placé entre deux divinités, Osiris ou plutôt Horus à tête d'épervier, et Hermès ou Thoth lunaire qui répandent sur sa tête l'eau consacrée. Le prêtre qui représentait Horus prononçait plusieurs fois pendant la cérémonie ces paroles : Horus, fils d'Isis, baptisé d'eau et de feu ; ces paroles sont inscrites sur les monuments [1].

Le nom donné à l'initié était celui que la Bible donne à Moïse, Msche, qui en égyptien signifie sauvé de l'eau ou par l'eau. Msche signifie aussi oindre, consacrer.

Les Égyptiens représentaient aussi par la rosée l'enseignement ou l'instruction dans les vérités spirituelles.

Les eaux saintes en tombant sur l'initié se transforment en une série de sceptres à tête de cucupha, qui signifient les bonnes affections et en croix ansées, symboles de la vie divine ou de la puissance par le vrai.

Voir Portal, symboles des Égyptiens comparés à ceux des hébreux.

[1] Isis, dans ses rapports avec Horus, représente les rapports de l'Église avec l'homme régénéré ou l'enfant de Dieu. Voir dans Creuzer Isis présentant son sein à Horus enfant, armé de la massue, ou lui tendant la main avec affection pour soutenir ses premiers pas. Près d'eux, le vase mystique surmonté d'un serpent signifie la vérité couronnée par les œuvres.

CHAPITRE V

Des lois et des mœurs, des arts et des sciences en Égypte.

L'Égypte a été un des premiers centres de civilisation dans le monde, on pourrait même dire le principal dans l'ancien monde ; n'est-ce pas aux Égyptiens que les Phéniciens ont emprunté leur alphabet d'où sont sorties les lettres de l'alphabet grec et latin.

La supériorité de la civilisation de l'Égypte tenait avant tout à la supériorité de sa religion, surtout sous le rapport de la morale.

Le rituel funéraire formule cette morale dans le chapitre CXXV, où le défunt en présence du juge suprême s'écrie : Je me suis attaché à Dieu par mon amour, j'ai donné du pain à celui qui avait faim, de l'eau à celui qui avait soif, des vêtements à celui qui était nu, j'ai donné un asile à celui qui était abandonné.

Les monuments reproduisent si souvent ces paroles, que l'on est presque autorisé à y voir la formule d'une prière quotidienne.

Où trouver une morale plus belle que dans cette inscription d'une stèle funéraire, traduite par M. de Rougé.

Le défunt dit : « Des combats ayant eu lieu parmi les populations d'Abydos, je n'ai fait mettre personne à mort. J'ai été intelligent au temps de ma puissance, j'ai eu ma faiblesse présente dans mon cœur au temps de ma force. J'ai aimé l'union, le trouble s'est dissipé. »

Parmi les fautes dont le défunt dit qu'il ne les a pas commises se trouve souvent celle-ci : Je n'ai pas eu commerce avec une femme mariée. La monogamie, le respect du lien conjugal, sont parmi les principales causes qui ont élevé si haut le peuple Égyptien.

Sur les stèles funéraires, on voit le mari et la femme à côté l'un de l'autre comme sur les tombeaux d'Etrurie, de Rome. On voit souvent sur les monuments Égyptiens un homme et une femme assis avec un enfant entre leurs jambes, le mari est peint en rouge, la femme en jaune. L'enfant porte un nom qui signifie : augmentation à l'amour.

L'époux exprime souvent sa tendresse pour son épouse d'une manière touchante dans les inscriptions de l'ancien empire, par exemple, en disant qu'elle vaut son pesant d'or.

Les Égyptiens avaient beaucoup de respect pour les femmes qu'ils laissaient sortir librement ; elles avaient des droits de propriété personnelle qu'elles transmettaient à leurs enfants ; elles pouvaient même monter sur le trône.

Les Égyptiens honoraient leurs parents, et Diodore dit que le plus beau trait de leur caractère était leur reconnaissance pour le bien qu'on leur faisait.

La prospérité de l'Egypte pendant tant de siècles, eut aussi pour cause la supériorité de leur justice civile dont les lois remontaient aux temps les plus reculés.

Les meurtriers étaient punis de mort, et le district où se commettait le meurtre en était responsable. On saisissait les biens, non la personne du débiteur.

La monarchie en Egypte était tempérée par de sages lois dans les premiers temps. La monarchie absolue, ainsi que le régime des castes, ne commencèrent qu'à une époque où l'agriculture, l'industrie, les arts avaient acquis déjà leur plein développement. Les premiers rois, par exemple Menès, n'ont été que des personnages mythiques comme les patriarches de la Bible, qui ont précédé Abraham, et le régime des castes fermées en Egypte comme dans les Indes est de date postérieure à l'époque du plus grand développement de la civilisation Egyptienne.

L'invention des hiéroglyphes est antérieure aux premières dynasties. Les grands monuments de l'Egypte sont comparables aux plus beaux édifices connus, et M. Mariette a trouvé dans une tombe du temps de Rhamsès-le-Grand des bijoux en or et émaux, supérieurs à tout ce que peut faire l'orfévrerie actuelle.

Dans les derniers temps, le despotisme dans l'Etat et dans l'Eglise produisit ses mauvais effets ordinaires, et les agriculteurs furent réduits à l'état des fellahs actuels qui sont des serfs attachés à la glèbe [1].

[1] En étudiant les antiquités Egyptiennes, il faut toujours s'efforcer de distinguer les restes de la religion primitive d'avec la religion idolatrique qui lui succéda.

Les Egyptiens employèrent la connaissance qu'ils avaient du sens mystérieux des symboles primitifs, pour des opérations magiques; les magiciens d'Egypte ont été célèbres chez les anciens.

Dans les papyrus et les stèles on a retrouvé des traces de la magie Egyptienne; mais ces textes magiques sont presque inintelligibles. Cet art coupable se transmettait probablement de vive voix.

Il n'est pas douteux que les sacrifices humains, surtout des prisonniers de guerre, n'aient existé en Egypte du temps des rois conquérants. Voir les grands bas-reliefs reproduits dans l'ouvrage de Denon, planches XXII et autres.

Les historiens grecs disaient que ces sacrifices humains avaient été abolis par Hercule et par le roi Amasis.

On peut consulter le mémoire de M. Chabas sur le papyrus magique Harris. M. Chabas, dans *le calendrier des jours fastes et néfastes chez les Egyptiens*, dit, page 2 : « L'Egypte nous a livré des formules d'opérations magiques. Parmi les livres qui les contiennent quelques-uns ont été écrits vers le xve siècle avant notre ère, mais les formules sont plus anciennes. »

Le mémoire de M. Chabas montre à quel degré de corruption et d'absurdité était parvenue la religion Egyptienne sous la dix-neuvième ou vingtième dynastie, 1500 à 1700 ans avant Jésus-Christ, et prouve qu'il ne faut étudier les antiquités religieuses de l'Egypte qu'avec une grande circonspection.

A l'époque où Moïse vivait, la religion en Egypte était donc profondément corrompue, ce qui explique pourquoi Israël fut transporté en Asie pour fonder une nouvelle Église.

CHAPITRE VI

Explication de quelques symboles Egyptiens.

§ I.— *Considérations générales.*

Pour ceux qui étudient les mythologies de l'antiquité, rien ne serait plus important que la découverte du sens des symboles dont se servaient les Egyptiens dans leurs rites et monuments religieux.

Tous les fondateurs des religions antiques ont eu recours à l'usage des symboles pour fixer l'esprit des hommes, surtout des simples, des femmes, des enfants sur les vérités fondamentales de la religion et de la morale. Tous ceux qui s'intéressent à l'avenir religieux de l'humanité doivent donc s'efforcer de découvrir la clef, le sens de ces images de ces symboles qui exercent encore une attraction si puissante sur tant d'hommes, et auxquels la religion catholique est redevable en partie de l'ascendant qu'elle exerce sur les peuples du midi. L'usage de quelques-uns de ces symboles antiques peut se concilier avec le culte du vrai christianisme [1].

Saint-Clément d'Alexandrie a dit que les symboles des

[1] Le baron Portal, égyptologue distingué et en même temps disciple de Swedenborg, dans un ouvrage intitulé : *les symboles des Egyptiens comparés à ceux des Hébreux*, a essayé de donner le sens d'une cinquantaine de symboles Egyptiens.

Egyptiens sont semblables à ceux des Hébreux, en ce qui concerne leur sens mystérieux.

D'après Swedenborg, ce sens mystérieux ou spirituel a trait aux vérités sur Dieu, sur l'Eglise, sur les affections du bien et du vrai. Selon lui, les hommes primitifs plaçaient sur les hauts lieux, dans leurs temples et maisons, des images qu'ils prenaient plaisir à regarder parce qu'elles leur rappelaient les choses célestes qu'elles représentaient.

Avec le laps de temps et par la corruption des hommes, le sens mystérieux de ces symboles ne fut plus connu que des prêtres, et finit par se perdre entièrement ; alors on adora ces images ou représentatifs, comme étant saints par eux-mêmes et on leur rendit un culte comme à des Dieux.

C'est ainsi que les Égyptiens, dans les temps primitifs, plaçaient dans leurs temples des images de taureaux, d'éperviers et autres animaux dont la vue leur rappelait les affections du vrai et du bien dont ces images étaient les symboles, mais lorsqu'ils oublièrent la signification de ces images, ils les adorèrent comme saintes en elles-mêmes; de là provint le culte du taureau Apis et autres animaux.

Nous avons cherché dans les pages suivantes à exposer la signification des principaux symboles dont les Egyptiens faisaient le plus anciennement usage : ce sont les plus simples et ceux que l'on retrouve chez presque tous les peuples [1].

[1] En étudiant les innombrables représentations figurées qui remplissent les musées Égyptiens, il importe de se rappeler que le plus grand nombre de ces objets a été fabriqué à une époque où la religion Egyptienne était complètement corrompue ; il ne faut donc se livrer à l'étude de ces symboles qu'avec une grande réserve.

§ II. — *Du soleil comme emblème ou représentatif de la divinité. Du disque ailé.*

Les Egyptiens voyaient dans le soleil naturel la manifestation la plus éclatante de la divinité. La chaleur du soleil correspondait pour eux à l'amour divin, et sa lumière à la sagesse divine et à sa révélation aux hommes.

« Il y avait, dit M. Pierret, dans l'esprit des Egyptiens, une sorte d'équation entre la lumière et la vérité. »

Les Egyptiens des temps primitifs lorsqu'ils se tournaient vers le soleil levant pour célébrer leur culte, ne voyaient dans la splendeur de l'aurore et du soleil que des objets qui représentaient pour eux les splendeurs de l'amour et de la sagesse divine, mais avec le temps leurs descendants finirent par adorer le soleil naturel, au lieu d'adorer le créateur, qui, par ce soleil, comme instrument, répand la vie sur toute la nature.

Lorsque le culte primitif se fût ainsi perverti, l'on continua à se servir des mêmes symboles solaires qui avaient servi primitivement à représenter l'action du soleil spirituel ou de Dieu sur les âmes, mais on ne vit plus dans ces symboles que la personnification, le tableau des diverses phases de la marche du soleil naturel.

D'après M. Pierret, la plus éclatante manifestation sur la terre du Dieu unique et caché est le soleil, qui est dit être son corps. Ammon-Ra, signifie Dieu caché sous le soleil, qui, divinisé, engendre d'autres Dieux qui symbolisent les phases de son cours ; c'est ainsi que se forme le panthéon Egyptien.

En se servant du soleil et de ses phases comme symboles, les très-anciens avaient représenté les diverses manifestations de la divinité dans la sphère spirituelle. Ces manifestations divines qui, dans leur pensée, correspondaient aux aspects successifs du soleil naturel, le matin, le soir, en hiver, au printemps, étaient exprimées par divers noms et représentées par divers personnages divins, dont les anciens firent autant de Dieux distincts, quand ils tombèrent dans l'idolâtrie.

§ III. — *Du disque ailé.*

A la porte des temples Egyptiens sur le linteau de la porte, comme au-dessus des stèles funéraires, on voit presque toujours un disque ou globe peint en rouge, duquel partent deux vastes ailes étendues, deux grands serpents sont suspendus au globe ailé ; sur la légende on lit : Grand Dieu, Seigneur de la région supérieure ou céleste.

Ce globe ailé est évidemment un symbole du Dieu tri-un, répandant ses célestes influences. Le globe rouge est le symbole de l'amour divin ; les ailes représentent le verbe ou la sagesse divine, et les serpents signifient la puissance dans la sphère inférieure.

Ce symbole du Dieu suprême est quelquefois remplacé par un anneau entre deux yeux, qui a la même signification ou bien par une espèce de croix double qui signifie le très-bon.

Nous montrerons plus loin l'analogie entre la croix ansée et le disque ailé.

Souvent aussi, au-dessous de l'anneau vert sur fond rouge, qui imite le disque solaire, on voit les pains d'Horus, emblême du bien, le vase, emblême de la vérité, et les deux chacals, gardiens du nord et du midi, qui représentent la région inférieure ou le monde naturel.

Le disque ou le globe a rapport au soleil ; en effet, l'épervier, symbole du soleil, est reconnaissable au disque qu'il porte sur la tête.

On voit quelquefois sur la tête d'Athor un édifice emblématique, symbole de l'univers. Au centre est un disque, emblème du soleil ou de l'amour divin ; ce disque est entre deux cornes de vaches qui signifient la vérité, et le tout est dans un carré triple qui représente la puissance dans toute sphère.

Le disque ailé des Egyptiens a quelque analogie avec l'emblème appelé *Mihr*, qui représentait Dieu en Perse. C'était l'image d'un homme enfermé à mi-corps dans un cercle duquel partent deux longues ailes transversales.

Cet emblème représentait la triade divine.

Le sens de ce symbole nous est expliqué par un passage des évangiles où la providence divine est décrite par une image saisissante : « *Jérusalem, Jérusalem, combien de fois ai-je voulu rassembler tes enfants comme une poule rassemble ses poussins sous ses ailes.* » Paroles du Christ dans Matthieu XXIII, 37. Cette image exprime l'amour infini et partout présent du Seigneur. Les ailes sont les emblèmes des vérités par lesquelles le divin amour, ou Dieu-homme cherche à nous défendre contre les faussetés et les maux. *Voir Isaïe*, VIII, 8.

Ce sont les ailes à l'ombre desquelles le psalmiste se réfugie. *Voir Psaume* XXXVI, 7, *Ps.* LVII, 1, LXIII, 7

Les ailes ou l'oiseau volant, dans la langue symbolique, signifie aussi la divine influence ou l'opération et protection divines dans la sphère inférieure ou naturelle signifiée par le serpent.

§ IV. — *De la croix ansée.*

Sur tous les monuments de l'Égypte on reconnaît les divinités, parmi les divers personnages qui sont représentés, à ce signe qu'elles tiennent à la main une croix ansée, qui se compose d'une croix dont une branche formant un anneau oval est dans la main du Dieu.

Raoul Rochette et autres savants ont prouvé que ce symbole n'était pas particulier à l'Égypte, mais se retrouvait sur les monuments de la Perse, de l'Assyrie, sur les médailles les plus anciennes de l'île de Chypre, sur l'étendard cruciforme des Sassanides, dans les étendards romains.

On a trouvé des images de Héra, d'Astarté ayant à la main un sceptre en forme de croix.

La croix se retrouve sur les médailles d'Athènes, sur les fibules étrusques, sur la croupe des chevaux du soleil dans les vases étrusques.

M. de Mortillet dans son écrit : *le signe de la croix avant le christianisme*, a montré que ce symbole était un emblème religieux très-répandu avant la venue du Christ.

Les vases en terre des terramares de l'Émilie ou des stations aquatiques, portent l'image de la croix, qui se trouve aussi sur les premières monnaies gauloises, dites *rouelles*.

Le symbole de la vie éternelle chez les Lithuaniens est la croix, et le même symbole chez les Chinois exprime l'idée du père céleste, l'idée de Dieu.

En général, l'idée de vie est attachée à ce signe. Beaucoup de mythologues y ont vu le signe de la vie matérielle; n'est-il pas plus légitime de voir dans cet emblème religieux le signe de la vie spirituelle ou de la vie morale.

« Les païens, dit Letronne, y voyaient une allusion à la vie nouvelle dans laquelle ils allaient entrer après leur conversion. » Les historiens, Socrate, Sosomène, parlant de la croix ansée à propos de la destruction du Serapeum, disent qu'elle signifie la vie qui doit venir, *vitam venturam*.

Nicéphore dit aussi que ce symbole signifiait la vie future.

Dans l'antiquité on attachait à ce signe l'idée d'influence céleste, de vie spirituelle, idée qui s'associait logiquement à la pensée de la vie future.

Layard a donc eu raison de dire qu'en Égypte la croix ansée caractérisait la régénération, la vie nouvelle des initiés.

La divinité est représentée ayant à la main la croix ansée qu'elle présente à celui qui l'adore; cela signifiait que celui-ci recevait communication de la vie divine.

(Voir ce que nous avons dit du baptême Égyptien [1].)

La croix ansée dans la main des Dieux signifie donc la communication de la vie spirituelle ou de la vie divine à l'homme.

La croix ansée a le même sens que le nombre quatre qui était représenté par une croix formée par deux lignes qui

[1] Dans les mystères de Mythra, en Perse, on faisait sur le front des initiés le signe du Thau, qui est une sorte de croix. Chez les Hébreux, le thau était aussi le signe de la vie spirituelle parce qu'il était le signe du Dieu vivant; à Rome, on se servait de la lettre T pour désigner sur les registres les soldats vivants.

se croisent, la ligne verticale désigne la hauteur ou le bien, la ligne horizontale la largeur ou le vrai ; l'union de ces deux lignes par l'intersection signifie l'union du bien et du vrai ou la perfection morale.

La croix désigne aussi le nombre dix, qui dans la langue symbolique signifie le tout ou ce qui est complet, parfait.

La croix ansée n'est pas seulement le symbole de la vie spirituelle chez l'initié ou l'homme régénéré ; elle est aussi le symbole de la vie divine ou de la divinité d'où provient toute vie morale chez l'homme.

On a assimilé la croix ansée au globe ailé, symbole de la divinité qui est au-dessus de la porte des temples d'Égypte. M. de Rougé dit qu'à la place du disque ailé, on voit quelquefois une croix ansée entre les deux yeux symboliques ; donc la croix a la même signification que le disque.

La croix double est une sorte de soleil.

En Chaldée, dans l'écriture cunéiforme, l'idée de Dieu est représentée d'abord par une étoile, puis par une croix dont la branche gauche avait deux renflements. Le mot : ilou, qui est le nom de Dieu, correspond à ce signe ou caractère.

Dans les inscriptions cunéiformes, à chaque Dieu correspond une croix d'une forme particulière qui désigne ce Dieu.

Les premiers chrétiens ont donné à la croix une signification semblable ; ils ne connaissaient pas l'usage du crucifix et n'attachaient pas à la croix l'idée que l'on y a attaché plus tard, en en faisant uniquement le mémorial de la passion du Christ.

Dans l'église chrétienne primitive, la croix était le signe de la vie future et le symbole de la divine trinité que l'on adorait dans le Seigneur Jésus-Christ. Quand on baptisait, en faisant le signe de la croix sur le catéchumène et en disant : au nom du père, du fils et du saint esprit, cela équivalait à dire : je te baptise au nom du divin amour, de la divine sagesse et du divin procédant qui sont les attributs du Dieu unique Jésus-Christ.

Le monogramme du Christ, qui est gravé sur tous les monuments de la primitive église n'est qu'une des formes de la croix combinée avec une ou deux des lettres grecques des deux noms ; iesous christos. Pour convertir la croix grecque en monogramme, on recourbait à droite la branche supérieure pour en faire un P grec, et ce signe exprimait ainsi le signe de la croix et le nom du Christ par les deux initiales X et P.

Les premiers chrétiens en Égypte adoptèrent la croix ansée pour désigner le Christ.

§ V. — *Du scarabée et du Phénix.*

Du Scarabée.

Ce symbole, l'un des plus chers aux Égyptiens, se portait au cou ou au petit doigt auquel il était lié par un fil d'or, d'argent ou de cuivre qui le traversait.

Le nom hébreu du scarabée est grillon ; cet insecte porte bonheur aux maisons, d'après une croyance populaire.

Le scarabée était le symbole de la divinité, considérée dans son énergie génératrice ou de l'amour divin. C'était l'emblème du pouvoir créateur, de la paternité divine. Selon les Égyptiens, cet insecte n'avait pas de femelle ; il déposait sa semence dans une boule de limon, il s'engendrait lui-même.

Dans un hymne orphique, Jupiter est représenté sous l'emblême du scarabée, et il est dit de lui qu'il est à la fois homme et vierge immortelle.

L'homme est régénéré par Dieu seul, c'est en ce sens que les justes sont appelés enfants de Dieu, qui embrase le cœur de son amour et illumine l'esprit, et qui à cause de cela a pour symbole le soleil et le scarabée.

Les pères de l'église appelaient Jésus le bon scarabée qui de *stercore erigit pauperem*, dit saint Ambroise, qui de la boue de notre corps extrait une âme immortelle.

Le scarabée était aussi l'emblême de l'âme humaine et de sa permanence substantielle. Placé dans les tombeaux, il était le signe de la vie nouvelle qui attend le juste après sa mort, vie spirituelle sous une forme humaine plus parfaite que dans la vie terrestre.

Le scarabée étendant ses ailes marquait la nouvelle naissance de l'âme. Dans les momies il était figuré sur la poitrine, sur le cœur, siége de la vie.

Du Phénix. — L'oiseau Venou ou Benou (le phénix des grecs) avait la même signification que le scarabée, il désignait, dit M. de Rougé, dans le rituel funéraire, l'état des âmes bienheureuses arrivées au terme de leurs épreuves ou pérégrinations.

C'est le phénix qui renaît de ses cendres, dans lequel les pères de l'église voyaient la figure de la résurrection de l'âme dans un autre monde.

Benou était l'un des noms de la planète Vénus.

Les mythologues naturalistes n'ont vu dans l'histoire du phénix qu'une allégorie du renouvellement des temps dans des cycles déterminées.

D'autres y ont vu le symbole de la renaissance d'une église après la destruction d'une vieille église.

§ VI. — *Du serpent.*

Le serpent ou l'ureus, dit Creuzer, est un emblême qui distingue les Dieux et les rois.

D'après Plutarque, le serpent est une image de Kneph, la divinité cachée. Le serpent qui représentait la divinité, comme celui qui fut tué par Daniel dans le temple de Babylone, était doux, inoffensif.

Sur les monuments Egyptiens on voit Ammon-Ra enveloppé dans les replis du serpent Mehen, debout dans la barque sacrée, « la bonne barque des millions d'années. »

Le serpent qui était l'emblême de l'agatho démon, ou du bon génie, était l'emblême de la vie, de la santé, ainsi que de la sagesse. « Soyez prudents comme des serpents, dit l'évangile. » « La prudence du serpent, dit Swedenborg, c'est la sagesse intérieure des hommes qui attribuent tout au Seigneur, rien à eux-mêmes, et qui par suite sont ordinairement simples dans la forme externe. »

Le serpent est aussi l'emblême de l'amour du bien et du vrai s'incarnant dans les actes ou dans la sphère de la vie naturelle. Le vase mystique couronné de serpents près d'Hercule ou d'Horus enfant, signifie l'amour de la vérité prouvé par les actions chez l'homme régénéré.

Le serpent, d'après Swedenborg, correspond à la puissance qui est dans la sphère inférieure ou naturelle.

C'est pour cela qu'en Egypte la coiffure des rois avait pour signe caractéristique un serpent dressé ou ureus, coiffure symbolique qui signifiait la domination sur la région inférieure.

C'est parce que le verbe divin a revêtu le degré naturel ou une humanité semblable à la nôtre, qu'il est appelé par les Pères le bon serpent. C'est Dieu dans la sphère naturelle ou inférieure.

C'est pour cela aussi que le Christ, en revêtant l'humanité naturelle et en la rendant divine par ses souffrances, a été comparé par les évangiles au serpent d'airain dont la vue guérissait de la morsure des serpents venimeux « *et comme Moïse éleva le serpent dans le désert, ainsi doit être élevé le fils de l'homme, afin que celui qui croit en lui, ne périsse pas, mais ait la vie éternelle.* » Jean, III, 15.

Pris dans un sens contraire, le serpent représentait le mal, l'erreur. Dans le *rituel funéraire* est décrit le combat du soleil contre Ayap, le grand serpent, semblable au combat d'Apollon contre le serpent Python. (Voir, dans le grand ouvrage de Denon sur l'Egypte, les figures admirables de l'entrée du temple de Philœ).

Le serpent qui correspond à la sphère naturelle en l'homme avait donc une bonne ou mauvaise signification, selon qu'il représentait le degré naturel chez l'homme, subordonné au bien ou au mal.

§ VII. — *Des images ithiphalliques.*

« En Egypte, dit M. de Rougé, aucune intention obscène n'était attachée aux représentations de ce genre. » Creuzer dit aussi : « Tout est chaste dans des symboles qui nous semblent obscènes, mais qui sont employés pour réveiller dans l'esprit une croyance théologique voilée sous l'allégorie. »

Dans les temples primitifs, aux fêtes d'Osiris comme à celles d'Adonis, on portait en pompe le Phallus, mais quand les mœurs se corrompirent, on substitua à ce symbole un bloc de bois ou de pierre conique.

Quelle a été l'origine de ce culte du Lingam ou Phallus, et des pierres comme symboles de cet organe du corps humain? Les uns ont prétendu que les hommes primitifs ont voulu simplement symboliser la force génératrice de la nature; d'autres ont soutenu que l'emploi de ces symboles eut dans l'origine une toute autre signification.

Pour représenter Dieu considéré comme créateur et régénérateur de l'homme dans le monde spirituel comme dans le monde naturel, on aurait choisi les organes sexuels de l'homme et de la femme comme les parties les plus nobles du corps humain, puisqu'elle servent au plus noble usage, la propagation de l'espèce humaine.

De ce symbolisme parfaitement dégagé de toute idée obscène chez des peuples de mœurs simples et pures, est provenu l'emploi comme symbole religieux du Lingam et de l'Ioni dans les Indes, du Phallus et du Cteis chez les Grecs. Par suite de la corruption des mœurs, ces simulacres ont porté atteinte à la pudeur; mais il n'en était point ainsi chez les hommes des temps primitifs. *Omnia sana sanis.*

§ VIII. — *Des animaux, oiseaux et plantes employés comme symboles.*

Dans les temps primitifs, les fondateurs de la religion des Egyptiens avaient employé les animaux, les plantes, comme symboles des choses célestes et spirituelles; ils en avaient fait des représentatifs des attributs divins, et des emblêmes des vertus ou des vices de l'homme. Avec le temps, la signification de ces symboles se perdit, et on adora non plus la chose signifiée, mais l'emblême lui-même. De là provint le culte du Dieu Apis et de tous ces animaux dont on conservait les momies.

L'épervier, d'après Horapollon, symbolisait la divinité, ainsi que le soleil qu'il fixe de ses regards. L'épervier triomphe de l'aigle, il est donc le vrai roi des oiseaux, c'était l'oiseau sacré par excellence, et son image ainsi que celle de l'aile était le signe de l'idée : Dieu.

Osiris ou Horus était représenté avec une tête d'épervier.

Le vautour était le symbole du principe féminin de la divinité, emblême de l'amour maternel ; comme le pélican, il était l'emblême de la Providence divine, de la maternité divine, de la miséricorde avec laquelle l'être suprême protége, dirige tous les hommes, comme le vautour couvre de ses aîles ses enfants, pour lesquels il sacrifie sa vie comme le pélican.

L'Ibis était consacré à Hermès, qui portait une tête d'Ibis ; ce Dieu représentait les connaissances scientifiques dans la sphère naturelle.

Le coq et les poules étaient consacrés à Anubis, l'autruche à la déesse de la justice ou de la vérité qui porte toujours sur sa tête une plume d'autruche.

Le principal représentatif emprunté par les Egyptiens au règne animal était le veau ou le taureau. Quand on eut perdu la connaissance de la signification de ce symbole, emblême du bien naturel, qui rappelait aux hommes les devoirs de charité qu'ils avaient à remplir, le culte du bœuf Apis devint idolâtrique. Cette idolâtrie passa chez les Hébreux.

L'agneau, la chèvre représentaient les biens dans le degré céleste.

Le lion symbolisait le vrai et sa puissance ; c'est pour cela que l'on donnait une tête de lionne à la déesse qui symbolisait la vérité ou l'église gardienne de la vérité. Le lion était en rapport avec les eaux, les sources, qui correspondent aux vérités dont il était le gardien. Par suite on plaçait des lions en effigie à la porte des temples. Le chat avait à peu près la même signification.

Le chien était consacré à Anubis, ainsi que le loup et le renard. Photh Anubis à tête de chien, était le gardien des régions infernales.

Sirius ou le chien, au milieu des astres, gardait le ciel contre les puissances de Typhon, il représentait alors le vrai dans le degré naturel, mais pris dans un sens opposé, il représentait le principe mauvais ou les passions mauvaises nées dans le sensuel de l'homme.

Le cochon, l'hippopotame, étaient les emblêmes du mal, ainsi que le crocodile ; mais ces animaux pris dans un bon sens représentaient la fécondité qui se manifeste dans la sphère naturelle plus particulièrement.

L'âne roux signifiait l'ignorance unie à la méchanceté, mais l'ânesse blanche était l'emblême de l'ignorance des simples, pleins de probité et de candeur. Les Egyptiens représentaient par cet animal l'homme qui n'était jamais sorti de son pays.

La taupe représentait l'homme tourné vers les choses de la terre, qui ne voit pas les choses célestes.

Le rat et le loup étaient les emblêmes de la nuit, la grenouille, d'après Horapollon, représentait l'homme à peine formé qui commence à se convertir à la sagesse.

Le chat qui détruit les rats, emblême des passions mauvaises, avait une bonne signification.

L'hirondelle était, en Egypte, le symbole de l'héritage

laissé aux enfants par les ancêtres, parce qu'elle niche toujours dans la même maison.

L'abeille était un symbole de la renaissance des âmes qui, après la mort, commencent une vie nouvelle, comme l'essaim nouveau s'échappant de la vieille ruche.

Le miel, emblème de la vie future, de la félicité céleste, était employé par les anciens pour les libations en l'honneur des morts ; les Russes déposent près des tombeaux des gâteaux faits avec du miel.

En ce qui concerne les plantes, le Lotus, fleur d'un bleu céleste, qui s'épanouit chaque matin, représentait la résurrection de l'âme ; aussi on plaçait cette fleur sur le front des défunts. La fleur de lys avait la même signification primitivement.

Trois fers de lance formant une espèce de fleur de lys, décorait ordinairement le sommet des édifices.

Les Grecs donnaient au froment puramis un nom qui avait la même racine, pur, que le nom du feu ; le feu et le froment signifiaient le bien, l'amour.

La pomme, la grenade, la pomme de pin, étaient des emblèmes de l'amour conjugal ; aussi, chez les grecs, un jeune homme déclarait ses sentiments à celle qu'il voulait épouser en lui offrant l'un de ces fruits.

§ IX. — *De la hache. Du bâton à tête de Cucupha. Du fouet ou fléau.*

La hache, dans la langue hiérogliphique, est l'emblême de la divinité, ou le signe de la protection divine. « Par le mot *nuter*, dit Pierret, on rendait l'idée de Dieu. »

Trois hachettes désignaient la trinité de personnes ou plutôt d'attributs divins. Neuf petites haches, trois d'or, six d'argent, désignaient l'ensemble des dieux, ou les trois triades, ou la divinité se manifestant sous trois aspects dans trois degrés, céleste, spirituel et naturel.

Le *tat*, colonne ou pilier coupé dans le haut par des croisillons, représentait la vérité divine. Ce symbole a de l'analogie avec les toris ou portes sacrées de la Chine et du Japon, dont les montants sont coupés par trois linteaux superposés.

Le bâton à tête de coucoupha, est, dit Creuzer, le sceptre des dieux bienfaisants.

Le bâton, à tête de bélier, est le symbole des bonnes affections. Ces divers genres de bâton, comme le pedum, le lituum chez les latins, la crosse chez les évêques, le sceptre chez les rois représentaient l'idée de domination par l'affection du vrai et du bien.

Le fouet ou le fléau représentait la justice divine purifiant l'homme par la souffrance ou punissant le coupable.

La corbeille ou cyste, représentait la divinité quant au vrai.

Les exemples que nous venons de citer, suffisent pour donner une idée du système des symboles Egyptiens [1].

[1] Il ne faut point croire d'ailleurs que toutes les inscriptions hiéroglyphiques aient un sens symbolique ou intérieur. La plupart de ces inscriptions n'ont que le sens littéral, le plus souvent historique, que les savants modernes déchiffrent avec facilité ; quelques-unes seulement, surtout parmi les plus anciennes, ont un sens intérieur caché sous le sens littéral.

NOTES

SUR LES RITES ET LES SYMBOLES RELIGIEUX

CHEZ LES ANCIENS

D'APRÈS LES OUVRAGES DE SWEDENBORG

---

§ 1. — *Origine de l'idolatrie.*

D'après Swedenborg, voir *arcanes célestes*, 2722, les très-anciens qui ont vécu avant le déluge, voyaient dans tous les objets de la nature, montagnes, bocages, plantes, animaux, astres, fleuves, des représentatifs des choses concernant le ciel et l'église, c'est-à-dire des biens et des vrais ; par suite de cela ces objets étaient pour eux des moyens de penser aux choses qui sont dans le royaume du Seigneur.

Mais lorsque l'état du genre humain eut été perverti, il ne fut plus capable de voir par les objets de la nature, les choses du royaume de Dieu ; mais dans le commencement, comme on savait par tradition que tels ou tels objets naturels signifiaient telle ou telle chose de l'église, on considérait comme saints ces représentatifs ; mais peu à peu on arriva à adorer ces représentatifs comme étant saints par eux-mêmes, indépendamment de la signification qu'ils avaient, par là le culte devint idolâtrique ; il le devint aussi par le motif qui suit :

Les très-anciens, par le nom de Dieu, entendaient ses qualités, de là tant d'épithètes données au Dieu unique, mais le sens de ces noms s'étant perdu par le laps de temps, on adora autant de Dieux qu'on avait donné de noms à Dieux. *Tot nomina, tot numina.*

§ II. — *Du culte sur les montagnes et sous les arbres chez les anciens*

Swedenborg, dans *arcanes*, 2722, dit : Le culte saint dans l'ancienne église, se faisait sur les montagnes et dans les bocages parce que les montagnes signifiaient les choses célestes du culte ou les biens, qui appartiennent à l'amour et à la charité, et parce que les choses spirituelles ou les vérités étaient signifiées par les bocages et les jardins ; les oliviers, les vignes, les arbres de diverses espèces correspondaient à des biens et des vrais divers.

Arcanes 2022. Pour les hommes des églises primitives, les montagnes signifiaient donc les choses supérieures de l'église ou le ciel suprême et le Dieu suprême qui est tout dans les choses de l'église et du ciel.

Par la signification de la montagne, on voit pourquoi le Seigneur allait si souvent sur les montagnes.

Voir *Arcanes* 4249. La montagne et surtout la montagne à l'Orient, signifiait la charité et l'amour procédant du Seigneur, et par suite elle signifiait le Seigneur parce qu'il est dans la charité et l'amour ou dans les choses célestes qui sont lui-même. Le Seigneur est donc le terme vers lequel tendent toutes les choses du culte, voilà pourquoi, pour célébrer leur culte, les très-anciens se tournaient vers la montagne qui représentait le Seigneur, ou allaient sur la montagne même.

Rien ne peut mieux rappeler à l'esprit l'idée de la divinité, de la majesté suprême, que la vue d'une haute montagne ou le spectacle qui frappe les yeux du haut d'une cime élevée.

Chez tous les peuples primitifs, on voit leurs sanctuaires les plus vénérés établis sur des lieux élevés ; telle était la coutume chez les Hébreux.

Voir *Arcanes* 4210. « *Et Jacob fit un sacrifice sur la montagne*, cela signifie le culte d'après le bien de l'amour. Le sacrifice signifie le culte, et la montagne le bien de l'amour. On sacrifiait sur les montagnes, parce qu'elles signifient les choses célestes ou les biens, et par suite dans le sens suprême, le Seigneur qu'on appelait le très-haut. »

C'est pour cela que le culte sur les montagnes chez les anciens était très-saint, mais quand les hommes devinrent idolâtres, ils adorèrent le symbole au lieu de la divinité qu'il représentait, et ce culte devint profane. Le culte représentatif se changea en culte idolâtrique, et l'on adora les externe sans penser aux internes.

Arcanes 2722. Les représentatifs (symboles) devinrent des idoles quand on leur rendit un culte sans penser aux choses internes qu'ils signifiaient, c'est pour cela qu'il fut défendu d'avoir un culte sur les montagnes et dans les bois.

Comme les Juifs n'étaient que des idolâtres de cœur, ne sachant rien sur les choses internes et sur la vie après la mort, et ne voulant pas le savoir, dès qu'ils étaient libres, ils avaient un culte profane sur les montagnes et forêts, et pour cela ils se faisaient des hauts lieux et bocages ou bois sacrés avec des oliviers, des vignes, des figuiers, des cèdres.

§ III. — *Des autels et des pierres dressées.*

Swedenborg, dans *Arcanes* 935, dit que l'autel de terre était le représentatif du culte d'après le bien ; car l'humus ou la terre signifie le bien ; l'autel de pierre représentait le culte d'après le vrai.

Swedenborg dit de plus « que l'autel était le principal représentatif du Seigneur. » Le monticule de terre comme la montagne représentait ou plutôt rappelait donc la divinité pour les hommes des temps primitifs.

Ces autels en gazons étaient ordinairement placés près d'autels en pierres non taillées, car les pierres taillées signifiaient les choses du culte provenant du faste de la propre intelligence et des illusions du sens.

Swedenborg, dans les *Arcanes* 2727, dit que l'autel fut le principal représentatif du culte dans l'église fondée par Eber, et dans les églises antérieures [1].

[1] L'autel du temple de Jérusalem était bâti en pierres blanches non polies ; il avait 20 coudées de longueur, 20 coudées de largeur et 12 de hauteur.

Les autels primitifs étaient composés de trois rangs de pierres non taillées superposées et les autels pélasgiques étaient précédés ou formés de trois marches, comme on le voit par les repré-

Le monceau de pierres signifiait la même chose que l'autel.

Swedenborg, *Arcanes* 8623, dit : « Dans les temps anciens on dressait des monceaux en témoignage ou en mémoire d'une chose qui devait être stable, et dont on devait se ressouvenir. Plus tard on dressa des autels en mémoire d'un événement. »

Chez les très-anciens, les pierres dressées ou statues servaient de moyens pour parvenir au culte interne, car les enfants étaient instruits par leurs parents de ce qu'elles représentaient. De là, chez les anciens, il y avait des statues pour le culte dans les temples, les forêts et sur les montagnes.

Swedenborg décrit et explique les rites qui accompagnaient l'érection de ces pierres servant de statues ou d'autels.

D'après Swedenborg, *Arcanes* 3727, 4580, dans les temps très-anciens on dressait des pierres pour limiter les héritages, pour témoigner d'événements notables et pour le culte, *Arcanes*, 4580. Celles qui servaient pour le culte étaient ointes d'huile, et alors elles étaient saintes.

Arcanes 3728. Ce rite signifiait que le bien représenté par l'huile devait dominer sur le vrai représenté par la statue.

Les très-anciens qui voyaient dans chaque objet naturel une correspondance de ce qui était dans le ciel, en voyant ces bornes, pensaient aux vrais. Mais leurs descendants commencèrent à penser saintement de ces objets, seulement par vénération pour l'antiquité. Enfin ceux qui vécurent immédiatement avant le déluge et qui dans les choses terrestres ne voyaient plus rien qui eût trait aux choses célestes, commencèrent à sanctifier ces pierres (à les honorer et adorer comme saintes par elles-mêmes.)

Swedenborg décrit aussi l'un des principaux rites qui accompagnaient l'érection de ces autels primitifs.

Arcanes 4192. *Genèse* XXXI 46. *Et ils prirent des pierres et ils firent un monceau et ils mangèrent sur le monceau.* Le monceau est le bien, parce qu'autrefois avant de dresser des

sentations où l'on voit un roi debout sur trois marches, étendant la main vers l'autel du feu.

autels, on faisait des monceaux de pierres au-dessous, en témoignage qu'on allait être conjoint par l'amour, mais plus tard on éleva des autels avec des pierres disposées avec ordre.

Dresser des statues sur les montagnes et dans les bocages, était le principal du culte chez les très-anciens, mais les repas sacrés tenaient aussi une grande place dans le culte des hommes primitifs. Voir *Arcanes*, 10, 643, 92 .

Ces repas étaient faits avec les offrandes qui avaient été apportées pour le sacrifice, gâteaux, vins, miel, et plus tard animaux sacrifiés, et ces repas en grande réjouissance formaient certainement l'un des principaux attraits de ce culte primitif sur les montagnes ou dans les forêts.

Les grecs avaient conservé la coutume des repas religieux appelés *charistia*, qui avaient pour but d'entretenir entre les convives la communauté d'affections et de pensées. Les Romains aussi avaient des repas sacrés.

Les pierres qui ont servi d'autels sont souvent reconnaissables par les cuvettes et les rigoles qui y sont creusées et par des entailles sur les côtés.

§ IV. — *Des dolmens ou du sens symbolique des portes.*

Swedenborg expliquant le sens symbolique de l'ordre donné aux Israélites, *Exode* xii, 22. *Et ils mettront du sang sur les deux poteaux et sur le linteau de la porte*, dit que le sang de l'agneau pascal avec lequel on signait les deux poteaux et le linteau ou la traverse, signifiait le divin vrai reçu par la foi représentée par les deux poteaux ou jambages et par la vie selon le vrai, représentée par le linteau.

Dans ce système de symbolique, le dolmen représenterait les vrais et la vie selon les vrais qui introduisent l'homme dans l'église et dans le ciel ; il s'agit des vrais et des biens de l'homme naturel, parce que l'homme naturel est instruit avant l'homme rationnel. Voir *Arcanes* 7847.

Les poteaux et les linteaux signifient la même chose que les mains et le front chez l'homme. La porte correspond à l'amour s'exprimant par les œuvres.

Le linteau ou la traverse d'en haut représentait le bien chez l'homme ou l'amour divin, c'est pour cela que sur ce linteau, en Egypte, était peint le scarabée solaire.

Arcanes 2356. Dans la Parole, l'entrée signifie ce qui amène ou introduit soit vers le Vrai, soit vers le Bien, soit vers le Seigneur; c'est de là que l'Entrée signifie aussi le Vrai même, puis le Bien même, ainsi que le Seigneur même, car le Vrai conduit au Bien, et le Bien conduit au Seigneur; l'Entrée et les Voiles de la Tente, ainsi que l'Entrée et les Voiles du Temple avaient la même signification, c'est ce qui est manifeste par les paroles du Seigneur dans Jean x, 1, 7, 9, *moi je suis la porte des brebis; si quelqu'un entre par moi, il sera sauvé.*

La porte est prise pour le vrai et le bien, par conséquent pour le Seigneur qui est le bien même et le vrai même.

§ V. — *De la science religieuse des Égyptiens.*

Swedenborg dans *l'appendice à la Vraie Religion*, dit que l'Église ancienne s'était propagée d'Asie en Afrique.

Swedenborg dit encore, *arcanes*, 1462 : les sciences surtout relativement aux connaissances religieuses, fleurissaient en Egypte plus que dans les autres pays. Voir *Arcanes* 1195, 1186.

Arcanes 3994. L'ancienne église qui succéda à la très-ancienne église était une église représentative dont tout le culte consistait en des rites représentant les choses divines et les intérieurs de l'église.

Cette église après le déluge s'étendit sur l'Asie et en Egypte, mais les Égyptiens cultivèrent les scientifiques de cette église et se livrèrent à l'étude de la science des correspondances ou représentations plus que les autres peuples, comme on le voit par les hiéroglyphes, les magies et les idoles.

Arcanes 7779. Les Egyptiens étaient plus que les autres peuples dans la science des rites de l'église qui représentent les spirituels qui sont dans le ciel... Par succession de temps, les Égyptiens commencèrent à placer l'église dans la science des connaissances de l'église et non dans la vie de charité. Par suite ils falsifièrent les vrais et les appliquèrent aux maux dans des opérations magiques.

Par exemple, ils ont su que le veau représentait les biens de la charité, et ils préparaient des veaux pour les festins de charité. Tant qu'ils ont su cela et qu'ils y ont pensé en voyant des veaux, ils pensaient alors avec les anges du ciel, mais ils pensèrent avec les enfers, quand ils placèrent des veaux dans les temples pour les adorer. De là provint le culte du Dieu Apis.

Arcanes, 10,252. La science des correspondances a péri avec le temps, parce que lorsque le bien de la vie eut cessé, elle fut changée en magie par les Égyptiens.

D'après Swedenborg, *Apocalypse expliquée*, 69. Les sphinx d'Egypte ne sont autres que les chérubins par lesquels il est entendu le Seigneur quant à la Providence et à la garde pour que les biens et les vrais ne soient pas profanés ; pour cela ils étaient placés dans les avenues des temples de l'Égypte.

« *Arcanes* 4163. Les anciens nommaient chérubins la providence du Seigneur, pour que l'homme n'entre pas par lui-même dans les mystères de la foi. »

FIN

TABLE DES MATIÈRES

LIVRE I

CHAPITRE I

LIVRE II

Des Religions de l'Asie.

CHAPITRE I

CHAPITRE II

LIVRE III

Des Religions de l'Inde, du Japon, de la Chine, etc.

CHAPITRE I

CHAPITRE II

CHAPITRE III

CHAPITRE IV

LIVRE IV

De la religion des Égyptiens.

CHAPITRE I

CHAPITRE II

CHAPITRE III

CHAPITRE IV

CHAPITRE V

CHAPITRE VI

Notes sur les rites et les symboles religieux chez les anciens d'après les ouvrages de Swedenborg.

FIN DE LA TABLE.

Saint-Amand. — Imprimerie de Destenay.

EXTRAIT

Du Catalogue de la Librairie

5, rue Thénard, Paris

1. **Du Ciel et de ses merveilles et de l'Enfer,** d'après ce qui a été vu et entendu par l'auteur, traduit en français par Le Boys des Guays et Harlé, avec index, 1 vol. in-8° . . . . 3 fr.
2. **La vraie Religion Chrétienne,** contenant toute la théologie de la Nouvelle Eglise par Emmanuel Swedenborg, serviteur du Seigneur Jésus-Christ, traduit du latin en français par Le Boys des Guays, seconde édition, 2 vol. in-8°. . . . . 8 fr.
3. **La Sagesse Angélique** sur le divin amour et la divine sagesse, par Swedenborg, traduit par Le Boys des Guays, 1 vol. in-12 . . . 3 fr.
4. **La Sagesse Angélique** sur la Divine Providence, par Swedenborg, traduit par Le Boys des Guays, 1 volume in-12. . . . . 3 fr.
5. **Délices de la Sagesse sur l'Amour conjugal**; à la suite sont placées les Voluptés de la folie sur l'Amour scortatoire (original lat. : Amsterdam, 1768 ; « par Emmanuel Swedenborg, suédois ; » avec liste des ouvrages précédents non signés, publiés par l'auteur depuis 1749.) — 2 volumes in-12. . . . . 6 fr.
6. **Doctrine de vie** pour la Nouvelle-Église, 1 vol. in-8, par Swedenborg . . . . 1 fr.
7. **Apocalypse Révélée,** dans laquelle sont dévoilées les Arcanes qui y sont prédits, et qui jusqu'à présent ont été profondément cachés (original latin : Amsterdam, 1766.) 3 vol. in-12 . . . . 9 fr.
8. **Doctrine de la Charité,** in-8°. . . . . 2 fr.

OUVRAGES D'APRÈS SWEDENBORG

9. **Lettres à un Homme du Monde qui voudrait croire,** par Le Boys des Guays, 1 volume in-12 . . . . 1 fr.
10. **Noble.** Appel aux hommes réfléchis, traduit de l'anglais, 1 volume in-12. . . . . 1 fr.
11. **Chauncey Giles.** De l'Esprit et de l'Homme comme Être spirituel, traduit de l'anglais, in-12 . . . . 1 fr.
12. **Notice** biographique et bibliographique sur Emmanuel Swedenborg, par un ami de la Nouvelle Église, 1 vol. in-8°. . . . . . . 1 fr.

Saint-Amand. — Imp., lith., stéréot. brévetées de DESTENAY.

www.ingramcontent.com/pod-product-compliance
Ingram Content Group UK Ltd.
Pitfield, Milton Keynes, MK11 3LW, UK
UKHW022100260726
13993UKWH00001B/242

9 782329 227191